Impressum

© 2018 1. Auflage
Wir lachen uns einen Ast –
Redewendungen zum Mitmachen und Mitlachen

Herausgeberin:
Susanne Klaus, Stuttgarter Lachschule

Lektorat, Korrektorat:
Birgit Garde-Ott, Schwieberdingen
Annegret Hedtke-Maier, Esslingen

Umschlaggestaltung, Illustration und Satz:
EVA printdesign, Eva Sattler

Herstellung & Verlag:
BoD – Books on Demand, Norderstedt

ISBN 9783748108191

Wir lachen uns einen Ast

Redewendungen zum Mitmachen und Mitlachen

Susanne Klaus
Stuttgarter Lachschule

Herausgeberin

Inhaltsverzeichnis

ZUM BUCH

Mal vorweg

Ob in großen Gruppen oder kleinen Gruppen oder auch einmal ganz alleine, ob mit Alt oder Jung - Lachyoga hebt die Stimmung im Handumdrehen und macht uns nicht nur zu gesünderen, sondern auch zu glücklicheren Menschen. Denn so wie es der Volksmund schon lange sagt: Das Lachen, das Du aussendest, kehrt stets zu Dir zurück.

Die Idee zu diesem Buch „Wir lachen uns einen Ast – Redewendungen zum Mitmachen und Mitlachen" flog mir am 21. Februar 2018 zu. Es war der Internationale Tag der Muttersprache. Passend dazu sammelte ich einige deutsche Redewendungen für den Lachyoga - Abend und packte diese in eine kleine heitere Geschichte aus dem Arbeitsalltag. Die passenden Lachübungen daraus waren im Nu gezaubert. Der Lachyoga - Abend wurde genial – Lachen bis zum Abwinken.

Schnell waren Lach-Yoginies und Lach-Yogies rund um die Stuttgarter Lachschule mit der Idee angesteckt, aus Redewendungen heitere Geschichten zum Mitmachen und Mitlachen entstehen zu lassen. Und viele wunderschöne Geschichten sind entstanden! Das hätte ich mir nicht träumen lassen. Lass Dich überraschen und überzeuge Dich selbst.

Und damit ist dieses Buch – nach dem rockigen Lach-Song „World Laughter Anthem" (Download www.worldlaughteranthem.de) – das zweite Gemeinschaftsprojekt der Stuttgarter Lachschule mit den ausgebildeten und zertifizierten Lachyoga-Leiter*innen.

Ein besonderes und herzliches Dankeschön gilt allen kreativen und fleißigen Mitwirkenden dieses Buches. Ihr seid klasse und ich bin absolut begeistert, welch tolle Geschichten und Übungen Ihr Euch für dieses Buch habt einfallen lassen.

Redewendungen und Lachyoga

Redewendungen haben die Eigenschaft, dass sie eine Emotion bildhaft darstellen und beschreiben. Viele Redewendungen zaubern amüsante Bilder in unsere Köpfe. Von daher eignen sich diese Redewendungen sehr, um daraus Lachübungen zu kreieren. Zudem greifen Redewendungen vielfach negative Situationen aus dem menschlichen Miteinander auf. Die Lachübungen animieren dazu, schwierige Alltagssituationen von einer heiteren Seite betrachten zu können.

ZUM LACHYOGA

Was ist Lachyoga?

Lachyoga, das beinhaltet intensive Lachübungen und Atemübungen. Mit pantomimischen Übungen kombiniert, kommt man ruckzuck über ein anfangs gespieltes Lachen schnell in ein herzhaftes und echtes Lachen. Dabei unterscheidet der Körper nicht zwischen einem echten und einem gespielten Lachen. Vielfältige physiologische und psychologische Vorteile entfalten gleichermaßen ihre Wirkung.

Der Yoga-Bezug leitet sich dabei aus der Kombination der Lachübungen mit Atemübungen aus dem Yoga ab. Damit sind die gesundheitsfördernden Übungen des Lachyoga für fast alle Menschen überall ohne spezielle Sportkleidung und entsprechendes Equipment spielend leicht möglich.

Die Entstehung von Lachyoga

Der Ursprung des Lachyoga führt uns zurück in das Jahr 1995. Ein Arzt aus Indien, Dr. Madan Kataria schrieb für sein Gesundheitsjournal einen Artikel über die positiven Auswirkungen des Lachens. Bei seinen Recherchen stieß er auf viele aktuelle Forschungsberichte und war begeistert von den zahlreichen nachgewiesenen Vorteilen des Lachens auf Körper und Seele. Zusammen mit seiner Frau Madhuri, einer Yogalehrerin, wurde die Idee, Menschen zum Lachen zu bringen, zu seinem Lebensziel.

Beide gingen am Morgen des 13. März 1995 um 7 Uhr in den Park und schafften es, dort drei weitere Personen zu motivieren, mit ihnen gemeinsam zu lachen. Innerhalb von wenigen Tagen wuchs diese kleine Gruppe auf über 50 Personen an. Anfangs erzählten sie Witze, hatten viel Spaß und fühlten sich nach ausgiebigem Lachen für den Rest des Tages einfach gut. Doch nach kurzer Zeit gingen die guten Witze aus und anstößige Witze wurden erzählt. Die Stimmung kippte. Das Lachen schien damit am Ende zu sein.

Dr. Kataria jedoch bat die Teilnehmer*innen um einen Tag Geduld. Er war von seiner Absicht, mehr Lachen in das Leben zu bringen, so überzeugt, dass er nach einem neuen Weg suchen wollte. Und Dr. Kataria fand die Lösung: Die menschliche Psyche kann nicht zwischen echtem und gespieltem Lachen unterscheiden. Die Botenstoffe, die den Menschen dazu bringen, sich glücklich zu fühlen, werden so oder so ausgeschüttet. Damit wurde eine neue Idee geboren: Lachen ohne Grund. Gemeinsam mit seiner Frau Madhuri entwickelte er Lachyoga: Eine Mischung aus pantomimischen Lachübungen, rhythmischem Klatschen und Yoga-Atemübungen.

Inzwischen hat sich diese Form des Lachyoga über den ganzen Erdball verbreitet. Eine weltweite Lachbewegung ist entstanden. Heute gibt es in über 100 Ländern Tausende von Gruppen und Lachclubs, die diese Übungen und das Training regelmäßig anbieten und ausführen.

Die gesundheitlichen Auswirkungen von Lachen

Kinder lachen oder lächeln im Durchschnitt bis zu 300 - 400 mal am Tag. Die Fähigkeit zu lachen ist sozusagen angeboren und zutiefst menschlich. Erwachsene lachen hingegen nur noch 10 - 15 Mal am Tag und benötigen zum Lachen einen triftigen Grund. Mit zunehmender Sozialisierung mehren sich die Lebensbereiche, in denen Ernsthaftigkeit, Konzentration und Zielstrebigkeit gefragt sind. Das Lachen findet nur noch wenig Platz.

Wurde Lachen zum Luxus-Reflex!?

Dies gilt es zu ändern. Sprechen doch die gesundheitlichen Vorteile für sich. Egal ob gespielt oder echt, es wirkt und ist erwiesen:

☺ Lachen setzt Glückshormone im Gehirn frei
☺ Lachen hebt die Stimmung
☺ Lachen erhöht die Konzentrations- und Lernbereitschaft
☺ Lachen fördert die Kreativität

☺ Lachen vertieft die Atmung
☺ Lachen verbessert die Sauerstoffversorgung
☺ Lachen trainiert das Herz-Kreislauf-System
☺ Lachen wirkt blutdrucksenkend
☺ Lachen stärkt das körpereigene Immunsystem
☺ Lachen dämpft das Schmerzempfinden
☺ Lachen beugt den negativen Folgen von Stress vor

☺ Lachen verbindet und fördert das soziale Miteinander
☺ Lachen hilft Konflikte zu lösen
☺ Lachen macht uns gelassener für den Beruf und Alltag

Eine Lachyoga-Stunde

Eine klassische Lachyoga-Stunde besteht aus drei Teilen:

1. Teil: Lach- und Atemübungen:

Nach einer spielerischen Aufwärmphase (Namensrunde, Bewegung, Singen, Spiel...) starten die Lach- und Atemübungen. Dabei beinhalten die Lachübungen vier Elemente.

a) Lachübungen

Die Anzahl der bestehenden Lachübungen ist grenzenlos. Beim Anleiten von Lachübungen ist es wichtig, zu verinnerlichen, dass Du ein*e Übungsleiter*in bist. Das heißt, Du leitest die Teilnehmer*innen Deiner Gruppe an, pantomimische Bewegungen mit dem Körper auszuführen, um dann diesen Bewegungen ein Lachen hinzuzufügen. In diesem Buch sind über 280 Lachübungen in Verbindung mit Redewendungen beschrieben.

Und sollte es Dir darüber hinaus einmal an Lach-Übungen fehlen, dann hilft Dir das E-Book „Lach- und Atemübungen unlimited" ganz sicher weiter. Die Lachyoga-Lehrerin Beate Schulze Bremer hat damit ein kleines Wunderwerk vollbracht. Sie zeigt in diesem E-Book wie Du mit einer einfachen Methode viele neue Lachübungen und auch Atemübungen für Deine Lachyogastunden kreieren kannst. Bestellen kannst Du dieses E-Book über die Homepage von Beate

Schulze Bremer www.lachlehrerin.de. Als Gastgeschichte findest Du in diesem Buch "Der Glückspilz" von Beate Schulze Bremer.

b) Rhythmisches Klatschen

Jede Lachübung wird mit einer gemeinsamen, rhythmischen Klatschübung beendet. Die Hände werden dabei parallel zueinander vor den Körper gehalten. Die Finger sind leicht gespreizt, um beim Klatschen möglichst viel Kontakt zwischen den Handflächen und Fingern herzustellen. Dem Klatschen wird ein Rhythmus und die Lach-Silben „Ho, Ho, Ha-Ha-Ha" hinzugefügt. Dabei wird kräftig aus dem Bauch ausgeatmet, um die Zwerchfellatmung zu stimulieren. Die Teilnehmer*innen bewegen sich im Raum und schauen einander in die Augen.

c) Atemübungen

Zwischen den Lach- und Klatschübungen fließen immer wieder Atemübungen ein. Durch die vertiefte Atmung wird die Lunge von verbrauchter Luft gereinigt und die körperliche sowie mentale Entspannung gefördert. Die Atemübungen sind als kurze Erholungspausen gedacht, um einer Ermüdung vorzubeugen. Immerhin ist erwiesen, dass 10 Minuten Lachen auf das Herzkreislaufsystem genauso aktivierend und anstrengend wirken wie 30 Minuten Joggen.

d) Kindliche Verspieltheit /
Wecken positiver Emotionen

Eines der Ziele von Lachyoga ist es, kindlich-verspieltes Verhalten zu kultivieren und zu fördern. Das hilft uns wiederum dabei, ohne Grund zu lachen. Zu diesem Zweck gibt es eine aktivierende Klatschübung, die nach dem rhythmischen Klatschen einsetzt und die Gruppe wieder zusammenbringt. Die Teilnehmer*innen sprechen: „Sehr gut, sehr gut, yeah". Dabei klatschen sie 2x in die Hände. Der Ausruf „Yeah", wird begleitet von einem Schritt nach vorne. Die Daumen beider Hände gehen mit ausgestreckten Armen in die Höhe.

2. Teil: Lachmeditation

Die Teilnehmer*innen liegen auf einer Matte oder Decke auf dem Boden, schließen die Augen, stellen ggf. die Beine auf und beginnen mit einem leisen Lachen. Dieses Lachen steigert jeder nach eigenem Empfinden und lässt sich mitunter von der Gruppendynamik anstecken. Eine Lachmeditation kann am Ende einer Lachyoga-Stunde zwischen 5 – 20 Minuten andauern.

3. Teil: Eine geführte Entspannung

Die Lachübungen wirken auf für das Herzkreislaufsystem sehr belebenden und mitunter auch anstrengend. Am Ende der Lachyoga-Stunde werden die Teilnehmer*innen deshalb zu einer abschließenden Entspannungsübung eingeladen. Ein Körperscan ist ein beliebtes Mittel, um den Körper zu erden und darüber hinaus die intensive Lacherfahrung zu integrieren.

Wichtig!

Bevor Du eine Lachyoga-Stunde durchführst, ist es unumgänglich, dass Du Dich mit dem Lachyoga und den Übungen vertraut gemacht hast. Nicht nur in der Stuttgarter Lachschule, überall in Deutschland und auf der Welt werden Lachyoga-Leiter*innen Trainings angeboten. Ein solches Wochenend-Training ist so aufgebaut, dass Du anschließend Lachyoga in Gruppen anleiten kannst.

DIE STUTTGARTER LACHSCHULE

Anfangs nur eine Marotte

Die Stuttgarter Lachschule wurde im Mai 2005 aus der Not heraus geboren. Als gestresste Betriebswirtin suchte ich, Susanne Klaus, im Jahr 2004 etwas zum Entspannen. Mir fiel ein Lachyoga-Angebot in die Hände. Und sofort dachte ich: „Lachen, das würde mir auch mal wieder ganz gut tun." Ohne mit der Wimper zu zucken, besuchte ich meine erste Lachyoga-Stunde und wurde vom Lachvirus sofort infiziert. Ich wollte mehr. Nachdem mir ein regelmäßiges Lachyoga-Angebot in Stuttgart nicht über den Weg lief, nahm ich das Ruder selbst in die Hand. Aus dem Nichts wurde die Stuttgarter Lachschule geboren: Anfangs nur eine Marotte, ein Ort in Stuttgart, an dem wöchentlich gelacht und Lachyoga praktiziert werden sollte.

Die Stuttgarter Lachschule heute: Da steppt der Bär und auch die Bärin! Denn 2011 habe ich Nägel mit Lach-Köpfen gemacht und meinen Beruf als Personal- und Finanzleiterin in einem mittelständischen, internationalen Unternehmen an den Nagel gehängt. Mit Haut und Haar widme ich mich nun dem spannenden und heiteren Thema Lachen und Lachyoga. In der Stuttgarter Lachschule muss niemand in die Röhre gucken. Neben den Lachyoga-Abenden werden Ausbildungen, Workshops, Seminare, Impulsvorträge, Lachwanderungen, Weiterbildungen und Events angeboten. Sowohl für das unternehmerische Umfeld als auch für den privaten Bereich.

Außerdem schießen um die Stuttgarter Lachschule herum immer mehr Lachyoga-Angebote und Lachclubs wie Pilze aus dem Boden. Zahlreiche ausgebildete und zertifizierte Lachyoga Leiter*innen lassen inzwischen die Lach-Puppen tanzen. Da muss auch im Schwabenland niemand mehr zum Lachen in den Keller gehen.

DIE LACHGESCHICHTEN

Praktische Hinweise

Dieses Buch bietet Dir 19 Geschichten mit über 280 Lachyoga-Übungen für Deine Lachyoga-Stunde. Die Geschichten sind dabei in fünf Rubriken unterteilt: Aus dem Büroalltag - Aus dem Lachyoga - Auf Reisen - Aus dem Leben - In der Natur. Die 19. Geschichte ist ein kleiner Spezial, denn sie ist auf schwäbisch geschrieben.

Im Anschluss an jede Geschichte sind ca. 14 - 17 Lachübungen erklärt. Außerdem findest Du die Herkunft einer der Redewendungen aus der Geschichte erklärt und der oder die Autor*in der Geschichte wird genannt.

Und nun ein paar praktische Hinweise. Fühle Dich bitte immer frei, alles nach eigenem Ermessen zu machen und zu lachen. An erster Stelle steht, dass Ihr viel Spaß und Freude mit den Geschichten habt! Greife dabei gerne die folgenden Empfehlungen auf:

1. Suche Dir für Deine Lachstunde eine Geschichte aus und lies Dir diese Geschichte und die Lachübungen aufmerksam durch.

2. Beginne die Lachstunde wie immer mit Übungen zum Aufwärmen und Ankommen. Vielleicht hast Du ein Ritual, mit dem Du Deine Lachstunde beginnst.

3. Dann startest Du damit, die Geschichte Stück für Stück vorzulesen. Natürlich kannst Du die Geschichte auch mit eigenen Worten frei erzählen, wenn Dir das liegt.

4. Immer dann, wenn eine dick markierte Redewendung kommt, so führe an dieser Stelle die erklärte Lachübung durch. Dabei kannst Du Dich an die Erklärung halten oder selbst kreativ sein. In meinen Lachgruppen wurden die vorgeschlagenen Übungen ganz oft ausgebaut und erweitert. Das bringt die Gruppendynamik einfach mit sich.

5. Kommen in der Geschichte Redewendungen vor, die nicht markiert sind, so kannst Du natürlich selbst zusätzliche Lachübungen kreieren.

6. Auch regen weitere Elemente in der Geschichte zum Mitmachen an. Das können klassische Lach-Übungen sein, die genannt werden. Oder Ihr werdet zum Singen, Tanzen oder sonstigen pantomimischen Einlagen animiert.

7. Die Erklärung der Redewendung, die Du im Anschluss der Lachübungen findest, kann an der Stelle vorgelesen werden, an

der Ihr die dazugehörige Lachübung ausführt. Ansonsten liest Du die Erklärung am Ende der Geschichte vor.

8. Atemübungen: Nur selten sind aus Redewendungen Atemübungen kreiert worden. Gehe bitte immer wieder hin und lasse eigene Atemübungen zwischendurch mit einfließen.

9. Nimm Dir am Ende genügend Zeit, um wie gewohnt eine Lachmeditation und Abschluss-Entspannung folgen zu lassen.

Die Geschichten sind für eine Lachyoga-Stunde konzipiert. Aber natürlich kannst Du die Geschichte auch auf zwei Lachstunden aufteilen. Dies kann auch spontan erfolgen, wenn Du siehst, dass Ihr Euch mehr Zeit für die Übungen gelassen habt und eigene Ideen mit eingeflossen sind.

Gibberisch

In einigen Lachübungen ist die Gruppe aufgefordert, Gibberisch zu sprechen. Gibberisch ist eine klangvolle Sprache ohne Bedeutung. Diese Sprache ist auch als Kauderwelsch bekannt. Beliebige Wortsilben werden dabei aneinander gereiht: Ale sulu waza tare gur du mase wolto gemas... In unserer Kindheit haben wir alle, als wir sprechen gelernt haben und auch beim Spielen, Gibberisch gesprochen.

Beim Gibberisch reden, können verschiedene Emotionen ausgedrückt werden: Freude, Ärger, Traurigkeit, romantische Gefühle usw. Kennen Personen in Deiner Gruppe Gibberisch noch nicht, so lasse sie es üben, indem sie mit langsamer Sprechgeschwindigkeit beginnen. Gehe dann in einem zweiten Schritt zu einer normalen und gerne auch schnelleren Sprechgeschwindigkeit über. Meiner Erfahrung nach fällt es Personen mitunter leichter, Gibberisch anfangs leise zu sprechen. Durch Körpersprache und Gesten mit den Händen wird dem Ganzen dann die Bedeutung verliehen.

Christian Hablützel, ein Schweizer Atemtherapeut und Lachtrainer hat ein ganzes Buch auf Gibberisch geschrieben: Huplö lala düsel Fnurz. Ein Lesebuch, das dazu einlädt, den Kopf zu entrümpeln. Zudem ist es sehr witzig, in der Lachyoga-Stunde aus dem Buch vorzulesen oder die Teilnehmer*innen einer Lachstunde in den verschiedensten Gemütszuständen aus dem Buch, vorlesen zu lassen. Das Buch ist auf dem Buchmarkt erhältlich.

19 LACHGESCHICHTEN

Und nun geht es los! Ganz viel Freude und Spaß wünschen Euch alle Autor*innen beim Lachen der Geschichten!

Den Chef auf die Schippe nehmen

Es ist früh am Morgen. Und so wie wir Lachyogies nun einmal sind, machen wir uns heiter und froh auf den Weg in unser Büro. Doch im Büro **haben** wir mal wieder **alle Hände voll zu tun**. Es ist an diesem Morgen sogar besonders schlimm. Wir **drehen** komplett **am Rad**. Diese Situation gilt es dringend zu verändern. Eine heitere Idee kommt uns in den Sinn. Unseren Chef gilt es einmal wieder so richtig schön, **auf die Schippe zu nehmen**. Wir tun so, als würden wir sein ganzes **Geld aus dem Fenster werfen**. Hmmm, das findet er nun gar nicht lustig. Er ist erbost und **macht aus einer Mücke einen Elefanten**. Da merken wir schnell, unser kleiner Spaß war ein absoluter **Schuss in den Ofen**. Ab sofort **sind** wir in der kompletten Firma **das schwarze Schaf**. Die Stimmung ist mies. **Dreht** uns unser Chef nun **den Geldhahn zu**? Wir sehen uns schon alle **am Hungertuch nagen**.

Wir müssen nun wirklich **alle Register ziehen**, um die Kuh vom Eis zu holen. Kommt, wir gehen schnell zu unserem Chef und **schleimen uns** dort **ein**. Doch das hilft nicht viel. Wir **schmieren ihm Honig um das Maul**. Nichts verändert sich. Vor lauter Verzweiflung **brechen wir einen Streit vom Zaun**. Doch auch diese Aktion stimmt unseren Chef nicht positiv. Am besten wir **lassen** erst einmal **Gras über die Sache wachsen**. Dann kommt uns die zündende Idee. Wir treten in das Büro unseres Chefs und den ganzen restlichen Tag **zeigen** wir uns dort nur noch **von unserer besten Seite**. Zum Glück, alles ist wieder in Butter. Wir haben bei unserem Chef wieder einen Stein im Brett und erfreuen uns bis zum Feierabend daran, in unserem Büro eine **ruhige Kugel zu schieben**.

Fröhlich und gelassen verlassen wir am Nachmittag das Büro und trällern heiter ein kräftiges Hoho hahaha...

Lachübungen

Alle Hände voll zu tun haben

Jeder Teilnehmer (TN) streckt die rechte Hand mit einem HA nach vorne und sieht in der Handfläche ganz viel Arbeit. Dann wird mit einem HA die linke Hand mit noch mehr Arbeit nach vorne gestreckt. Beide Hände wedeln begleitet von ganz viel Lachen vor dem Körper.

Am Rad drehen

Mit den Händen drehen die TN mit immer schneller werden Lachlauten an einem imaginären Rand - rechts herum. Danach lachend auch links herum.

Jemanden auf die Schippe nehmen

Jeder TN nimmt eine Schaufel in die Hand. In drei Schritten „Ha", „Ha", „Hahahahaha" nehmen alle den Chef lachend auf die Schippe.

Geld aus dem Fenster werfen

Die TN öffnen mit einem „Haaaaaa..." die imaginären Fenster, bücken sich und werfen lachend alles Geld aus dem Fenster.

Aus einer Mücke einen Elefanten machen

Die TN nehmen Daumen, Zeige- und Ringfinger der linken Hand zusammen und schauen lächelnd auf eine kleine imaginäre Mücke. Dann schauen sie auf die rechte Seite und formen laut lachend einen großen Elefanten in die Luft.

Ein Schuss in den Ofen

Jeder TN nimmt ein imaginäres Gewehr in die Hand. Vor uns ist ein großer Ofen. Jeder legt das Gewehr an die Schulter, legt den Finger an den Schuss-Auslöser und mit einem „Ha, Ha, Hahahahahaha ..." schießen alle lachend in den Ofen.

Das schwarze Schaf sein

Alle TN werden zu schwarzen Schafen und bewegen sich mit Mäh- und Lachlauten durch den Raum.

Den Geldhahn zudrehen

Jeder TN hat einen imaginären Geldhahn aus dem zuerst tatsächlich ganz viel Geld herausströmt. Dieser Geldhahn wird mit einem ansteigenden Lachen zugedreht. Gerne auch wieder aufdrehen.

Am Hungertuch nagen
Alle TN nehmen ein imaginäres Tuch in die Hände, führen dieses Tuch zum Mund und wie ein Hamster wird lachend an diesem Tuch genagt.

Alle Register ziehen
Jeder hat Hängeregister in Schubladen vor sich stehen und lachend werden diese Register aus den Schubladen gezogen – die Aufträge, Rechnungen, Mahnungen, Personalakten etc.

Sich einschleimen
Jeder nimmt einen Topf mit Schleim und alle gehen damit in das Büro vom Chef. Dort wird sich lachend mit dem imaginären Schleim am ganzen Körper eingeschleimt.

Jemandem Honig um das Maul schmieren
Jeder nimmt einen Honigtopf in die Hand und jeder geht zu einem anderen TN und schmiert diesem ohne ihn zu berühren lachend Honig um den Bart.

Einen Streit vom Zaun brechen
Alle TN stehen vor einem imaginären Zaun. Dort wird lachend Stück für Stück ein Streit vom Zaun gebrochen und auf Gibberisch den anderen TN dieser Streit erklärt.

Gras über eine Sache wachsen lassen
Die TN säen lachend mit beiden Händen Grassamen aus. Gießen die Samen und lassen lachend das Gras wachsen.

Sich von der besten Seite zeigen
Die TN stellen sich in 2 Reihen gegenüber auf. Jeder TN schreitet einzeln durch diese 2er-Reihe und zeigt sich lachend von der besten Seite.

Eine ruhige Kugel schieben
Die TN nehmen alle eine imaginäre Kugel in die Hand und schieben diese Kugel entspannt lachend durch den Raum. Auch werden die Kugeln einander lachend zugeschoben.

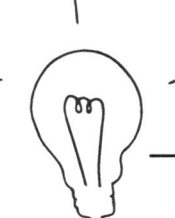

„ Alle Register ziehen "

Um auszudrücken, dass man nichts unversucht lässt und alle seine Chancen nutzt, um etwas zu erreichen, verwendet man häufig die Redewendung „alle Register ziehen". Sie bezieht sich auf das Orgelspielen: Als „Register" bezeichnet man eine Reihe ähnlich klingender Pfeifen in der Orgel - je mehr Register seines Instruments der Organist also zieht, desto voluminöser und reicher klingt sein Spiel.

Quelle: https://www.geo.de/geolino/redewendungen/5703-rtkl-redewendung-alle-register-ziehen

Susanne Klaus, Notzingen
Gründerin der Stuttgarter Lachschule
Lachyoga-Lehrerin, Lachyoga Business-Trainerin, Betriebswirtin
www.stuttgarter-lachschule.de

Lachyoga – Keine Lust auf Frust

Lachyoga?! Was ist denn das? Meine beste Freundin Conny hat mir mal wieder **einen Floh ins Ohr gesetzt**. Sie war nämlich beim Lachyoga. Seitdem ist sie irgendwie ziemlich gut drauf. Ein richtiger **Spaßvogel**. Das will ich auch und bin beim nächsten Mal mit dabei.

Am Morgen des großen Tages ertönt im Radio der Song „**Keine Lust auf Frust**". Mir ist klar, mit dem Lachyoga bin ich auf dem richtigen Weg. Man muss ja schließlich kein Gesundheitsapostel sein, um zu wissen, dass Lachen gut tut. Schnell **springe** ich **über meinen Schatten** und eile in meine erste Lachyoga-Stunde. Mit Matte und Getränk ausgerüstet komme ich **pünktlich wie ein Maurer** im Yoga-Raum an. Alle anderen lachen sich schon schief und krumm. So viel Lachen und das ganz ohne Grund. Anfangs plagt mich mein Verstand doch sehr: Die **haben** ja alle **einen Vogel**! Gespielt lachen. Wir machen Übungen wie Mango-Lassi und Uhrzeit Lachen. Verbeugen uns hin, verbeugen uns her. Hoho hahaha tönt es

immer daher. Doch irgendwie **stehe** ich voll **auf dem Schlauch**. Das Lachen tönt nur gezwungen aus meinem Körper heraus. Ich will die **Flinte** schon **ins Korn werfen** und schnell die Kurve kratzen. Doch dann kommt die Kursleiterin mit der **Pinguin-Übung** daher. Sie **lockt** mich damit sofort **hinter dem Ofen hervor**. Der Knoten ist geplatzt. Ich biege mich vor Lachen.

Und jetzt **drücken** alle noch einmal so richtig **auf die Tube**. Um uns dann zu guter Letzt **das Lachen** kräftig **aus den Ärmeln zu schütteln**. Eine Entspannung am Ende, der Tag ist gerettet. Nun könnte ich **Berge versetzen**. Und obwohl dies meine erste Lachyoga Stunde war, kann ich allen Lachyogies mit meinem Lachen sofort **das Wasser reichen**. Noch spät am Abend **klopfe** ich mir **auf die Schulter** und schlafe ein mit einem breiten Lächeln im Gesicht. Hoho – hahaha...

Lachübungen

Einen Floh ins Ohr setzen

Die Teilnehmer (TN) nehmen einen imaginären Floh zwischen die Finger und bewundern diesen: „Ohhhh, ein Lachfloh". Dann halten die TN lachenden diesen Floh sich und anderen TN nahe an das Ohr.

Ein Spaßvogel sein

Die TN nehmen ihre Fäuste unter die Achseln, holen tief Luft, zaubern mit dem Ausatmen einen Lächeln in ihr Gesicht und gehen mit flatternden Armen lachend durch den Raum.

Keine Lust auf Frust

Die TN singen und tanzen ausgelassen das Lied „Keine Lust auf Frust" von der CD MIAU von Christian Hablützel / alias Fredy Chnorz.

Über den eigenen Schatten springen

Die TN nehmen achtungsvoll mit den Lauten ahhhh und ohhhh ihren imaginären Schatten auf dem Boden wahr. Alle atmen gemeinsam ein und springen lachend über ihren eigenen und die Schatten der anderen TN.

Pünktlich wie ein Maurer

Jeder TN tippt mit dem Zeigefinger und einem Ha, haaa, haaaaa auf seine Uhr. Dann nimmt jeder den Daumen nach oben und tippt lachend und mit einem anerkennenden Gefühl auf seinen Brustkorb.

Sich schief und krumm lachen

Alle TN stehen im Kreis und bewegen/ beugen sich genüsslich lachend hin und her, vor und auch zurück.

Einen Vogel haben

Die TN öffnen imaginär ihren Vogelkäfig und holen leise lachend auf ihrem Zeigefinger einen kleinen Vogel hervor. Danach wird ein größerer Vogel mit einem etwas größeren Lachen aus dem Käfig geholt. Sukzessiv werden die Vögel und das Lachen immer größer.

Auf dem Schlauch stehen

Die TN gehen mit Daumen und Zeigefinger am Kinn mit fragender Miene und fragenden Lauten hmmmm...??? umher.

Die Flinte ins Korn werfen

Die TN stellen sich vor, dass sie Zugriff auf alle Flinten der Erde haben. Sie nehmen diese Flinte in die Hand, entschärfen sie mit einem haha... und werfen diese lachend ins Korn.

Pinguin Lachübung

Die TN bewegen sich watschelnd wie Pinguine auf hihihi lachend umher. Ein TN tritt als Pinguinwärter mit einem imaginären Fisch in die Mitte. Alle Pinguine laufen gierig lachend auf den Fisch zu. Der Pinguinwärter wirft diesen Fisch im hohen Bogen z.B. nach links. Die Pinguine watscheln lachend dem Fisch hinterher.

Hinter dem Ofen hervor locken

Die TN gehen paarweise zusammen. Ein imaginärer Ofen befindet sich zwischen ihnen. Mit einem freundlichen Lachen lockt der eine den anderen TN hinter dem Ofen hervor.

Auf die Tube drücken

Jeder TN nimmt eine Tube mit Lachpaste in die Hand und drückt kichernd, lachend und freudvoll auf die Tube bis diese Tube leer ist. Weitere Tuben folgen...

Das Lachen aus den Ärmel schütteln

Die TN nehmen einatmend die Arme nach oben und schütteln mit dem Ausatmen vorgebeugt das Lachen aus den Ärmeln auf den Boden.

Berge versetzen können

Die TN treten vor imaginäre Berge und versetzen diesen stolz lachend von einem Platz auf den anderen.

Jemandem das Wasser reichen können

Jeder TN nimmt eine imaginäre Schale mit Wasser, füllt diese mit ganz viel Lachen und reicht diese Schale erfreut lachend an andere TN weiter.

Sich auf die Schulter klopfen

Die TN klopfen sich lachend, stolz und happy auf die Schulter.

„ Jemandem das Wasser reichen können "

Im Mittelalter aßen die Menschen, anders als heute, hauptsächlich mit ihren Händen. Wenn an einem Fürstenhof ein großes Festessen stattfand, haben Diener danach kleine Schälchen mit Wasser gereicht. Darin konnten sich die Herrschaften dann ihre Finger säubern. Die Pagen mussten sich dazu neben die Gäste knien und ihnen die Wassergefäße hinhalten. Aber nicht allen Knechten war es erlaubt, diese Tätigkeit auszuführen. Manche kamen in der Rangordnung der Dienstboten so weit hinten, dass sie noch nicht einmal gut genug dazu waren, den Adeligen das Wasser zu reichen. Daraus ist dieses Sprichwort entstanden. Wenn jemand also beispielsweise nicht so gut ausgebildet ist wie ein anderer, dann kann er ihm nicht „das Wasser reichen".

Quelle: https://www.geo.de/geolino/redewendungen/9087-rtkl-redewendung-jemandem-nicht-das-wasser-reichen-koennen

Susanne Klaus, Notzingen
Gründerin der Stuttgarter Lachschule
Lachyoga-Lehrerin, Lachyoga Business-Trainerin, Betriebswirtin
www.stuttgarter-lachschule.de

Das Verhör unter vier Augen – Etwas im Schilde führen

Letzten Monat beim morgendlichen Durchsehen der Post bin ich doch tatsächlich **aus allen Wolken gefallen**. Ich finde einen Brief! Von der Polizei! Ich werde aufgefordert, eine Zeugenaussage zu machen.

Eine Woche später. Es ist soweit. Das Polizeirevier ist zum Glück nur einen Steinwurf von meinem Haus entfernt. Ich sitze vor dem Beamten, **nehme** all meinen **Mut zusammen** und schildere ihm das Geschehen so: „Angefangen hat es damit, dass mein Kumpel Bruno **ohne Punkt und Komma** auf mich eingeredet hat. Er hat mir mit seinem Geschwätz Sand in die Augen gestreut. Da ich **Blind wie ein Maulwurf** war, konnte ich nicht sehen, was er da **im Schilde führte**. Nun **schiebt** er mir allein **die Verantwortung in die Schuhe**. So langsam reißt mir jedoch der Geduldsfaden. Ich habe mit der ganzen Sache **nichts am Hut**. Ich dachte, die ganze Sache wäre völlig legal. Doch wie es sich zeigt, **hat** er **es faustdick hinter den Ohren**.“ Eine Stunde lang fühlt der Polizist

mir ganz genau auf den Zahn. Dabei **geht** er ganz schön **ans Eingemachte**. Ich sitze da mit einer **Unschuldsmiene**. Am Ende habe ich den Beamten noch gewarnt: „Seien Sie wachsam wie ein Hund. Bruno wird auch Sie **an der Nase herumführen**.“

Mir **fällt ein Stein vom Herzen** als ich nach meiner Aussage wieder auf der Straße stehe. An einem Schaufenster, an dem ich vorbei komme, zwinkere ich meinem Spiegelbild zu und atme erst einmal tief durch. Denn schließlich habe ich mir einiges **aus den Fingern gesaugt**. Ich **lache mir ins Fäustchen**! Immerhin **saßen** Bruno und ich bei der Planung des Vorhabens **in einem Boot**. Wir haben die Glocken vom Petersdom abgeschaltet und durch lautes Lachen ersetzt. So wie es die Expertinnen Brigitte und Carolyn aus Frankfurt in vielen Orten bereits erfolgreich praktiziert haben.

Lachübungen

Aus allen Wolken fallen
Die Teilnehmer (TN) malen erst eine kleine Wolke mit ausgestrecktem Arm in den Himmel und lassen diese mit einem kleinem Lachen runterfallen (z.B. in die Hocke gehen). Die Wolken und das Lachen werden immer größer.

Allen Mut zusammen nehmen
Die TN gehen durch den Raum und sammeln mit den Händen allen Mut lachend zusammen und lassen diesen Mut über das Herz mit einem zufriedenen Lächeln in den Körper strömen.

Ohne Punkt und Komma reden
Die TN reden ausschließlich mit den Worten JA und NEIN mal heiter, mal ernst aufeinander ein. Lachen erlaubt!

Blind wie ein Maulwurf
Die TN nehmen die Hände vor die Augen, gehen einen Schritt im Raum umher, spicken durch die Finger und lachen einander zu.

Etwas im Schilde führen
Die TN nehmen einen Schutzschild vors Gesicht und schauen immer wieder lachend hinter dem Schild hervor.

Etwas in die Schuhe schieben
Die TN stellen sich vor, dass in der Mitte die Schuhe der Lachmuffel der Umgebung liegen. Ganz leise machen sich alle an diese Schuhe heran und schieben Freude, Glück und Lachen in die Schuhe hinein.

Jemandem reißt der Geduldsfaden
Ein imaginärer Faden geht von der Mitte zu jedem TN. Diese ziehen lachend in mehreren Versuchen daran bis dieser reißt und jeder ein Sück Faden lachend in den Händen hält.

Nichts damit am Hut haben
Die TN haben einen imaginären Hut auf den Kopf, fassen diesen lachend haaaaa ... mit den Händen, nehmen ihn ab und schütteln laut lachend den Kopf.

Es faustdick hinter den Ohren haben

Die TN nehmen die Hände als Faust und legen diese hinter die Ohren. Mit dem Einatmen öffnen sich die Hände, bleiben dabei an den Ohren und die TN gehen winkend und lachend durch den Raum.

Ans Eingemachte gehen

Die TN stellen sich einen Schrank mit eingemachtem Obst vor und holen dieses aus dem Regal, öffnen mit drei Ha, haaa..., hahaha... die Gläser und essen das Obst erfreut lachend auf.

Eine Unschuldsmiene aufsetzen

Gelassen und vor sich hin lachend gehen die TN durch den Raum. Immer wenn sie einem Augenpaar begegnen, setzen sie ein Pokerface auf.

Jemanden an der Nase herum führen

Lasst Euch etwas Lustiges einfallen ☺

Es fällt ein Stein vom Herzen

Die TN halten ihre Hand aufs Herz und haben plötzlich einen imaginären bunten Stein, der mit lichtvoller Herzenergie gefüllt ist, in der Hand. Diesen geben sie lachend in der Runde weiter.

Aus den Fingern saugen

Die TN nehmen ihren Lachzauberstab und saugen Lachen und Glück mit einem Haaa... aus den eigenen Fingern heraus und berieseln damit lachend die anderen TN.

Ins Fäustchen lachen

Die TN ballen ihre Hand zu einer Faust, öffnen sie immer wieder einen kleinen Spalt, um hineinzulachen. Am Schluss wird die Faust ganz geöffnet und es ertönt ein schallendes Gelächter.

In einem Boot sitzen

Die TN sitzen (oder stehen, gehen) alle hintereinander und versuchen lachend gleichmäßig zu rudern. Dabei werden die Arme im gleichen Rhythmus nach vorn und nach hinten bewegt mit den Lauten Hoho, hahaha und freiem Lachen.

„ Etwas im Schilde führen "

Diese Redewendung stammt aus dem Mittelalter. Damals hatte jede Adelsfamilie ihr eigenes Wappen, das ausschließlich von Familienmitgliedern geführt werden durfte. Nicht nur Fahnen, sondern auch Helme und Schilde zierten die Adeligen mit diesen Abzeichen. Näherte sich ein gepanzerter Reiter, so konnte man schon von Weitem erkennen, ob es sich um einen Freund oder einen Feind handelte - und zwar an dem Wappen, das er im Schilde führte. Bis heute hat sich der Ausdruck im Sprachgebrauch gehalten, allerdings nur im übertragenen Sinne. Wir benutzen ihn nämlich, wenn wir sagen wollen, dass jemand heimlich etwas plant oder eine vermeintlich nette Tat mit Hintergedanken ausführt. Von dem Gefängnis „Zellengefängnis Moabit" gibt es übrigens heute noch Überreste im 2007 eröffneten Geschichtspark in Berlin zu finden.

Quelle: https://www.geo.de/geolino/redewendungen/3500-rtkl-redewendung-etwas-im-schilde-fuehren

Birgit Garde-Ott, Schwieberdingen
Lachyoga-Leiterin, Märchenerzählerin
www.lachyoga-schwieberdingen.de

Sumsi mit Po

Habt Ihr schon einmal **etwas läuten hören** von Sumsi mit Po? Hier die Geschichte der Entstehung dieser faszinierenden Spezies aus der Familie Anthophila optimisma. Diese Wesensart steht unter Artenschutz und muss **gehütet** werden **wie ein Augapfel**. Sumsi mit Po, eine Unterart der Anthophila optimisma, hatte jeden Tag schlechte Laune, weil ihr ständig **eine Laus über die Leber lief**. Deshalb machte sie immer ein mürrisches Gesicht und konnte sich selbst nicht leiden. Das ging über Wochen und Monate so bis Sumsi mit Po bemerkte, dass niemand mehr etwas mit ihr zu tun haben wollte. Eines Tages jedoch dachte sie nach und wie aus dem Nichts **ging** Sumsi mit Po ein **Licht auf**. Urplötzlich erkannte sie, dass sie **Tomaten auf den Augen hatte**. Denn der Name „Sumsi mit Po" heißt rückwärts gelesen „OPTIMISMUS". Diese Erkenntnis war so überwältigend, dass sie sich den neuen Namen sofort **hinters Ohr schrieb**.

Jetzt bemerkte Sumsi mit Po auch, dass sie im Leben mit diesem Namen ja **alle Trümpfe** in der Hand hatte. Sie konnte **alles auf eine Karte setzen**. Die schlechte Laune war verflogen. Sumsi mit Po musste ab jetzt ganz häufig lächeln und lachen. Sie **hatte** wieder **Oberwasser**. Sie **fasste sich an ihre eigene Nase**. Und sie beschloss, den Menschen einen Gute-Laune-**Floh ins Ohr zu setzen**. So flog sie von Ohr zu Ohr und infizierte die Menschen mit dem Gute-Laune-Virus. Aber das allein reichte Sumsi mit Po noch nicht. Sie dachte nochmals nach und **hatte eine weitere Idee**: Sie **las** allen schlecht gelaunten und pessimistischen Menschen **die Leviten** über das Glücklichsein.

Diese Geschichte **verbreitete sich wie ein Lauffeuer** und immer mehr Menschen wurden von dem Gute-Laune-Virus angesteckt. **Hand aufs Herz**. Spürst auch Du gerade Freude und Glück in Dir. So hat Sumsi mit Po auch Dich angesteckt.

Lachübungen

Etwas läuten hören

Die Teilnehmer (TN) schwingen mit großen Armbewegungen und ha ha ha eine Glocke vor dem Körper hin und her. Dann legen alle die Hände an die Ohren, lauschen und lachen.

Hüten wie ein Augapfel

Die TN nehmen ein Stück Glück, halten dies mit beiden Händen umhüllt und lachen. Dabei im Raum umhergehen und immer wieder ganz vorsichtig die Hände öffnen, um den anderen TN den Schatz zu zeigen.

Jemandem läuft eine Laus über die Leber

Die TN bewegen die Finger der linken Hand als Laus krabbelnd über den rechten Oberbauch (Sitz der Leber). Dazu wird gejammert und ein mürrisches Gesicht gemacht. Dann nimmt man die imaginäre Laus und wirft sie lachend im hohen Bogen hinter sich.

Jemandem geht ein Licht auf

I´ve got it! Die TN tippen mit flacher Hand nacheinander mit dem Laut „Ha" auf den Handrücken, Handinnenfläche, Ellenbogen, Ellenbeuge, Hinterkopf und dann herzhaft lachend an die Stirn. Mit dem anderen Arm wiederholen.

Tomaten auf den Augen haben

Alle formen die Hände zu Fäusten, legen diese auf die Augen und gehen im Raum umher. Trifft man auf einen Mitlacher, werden die Fäuste lachend von den Augen weggenommen. Am Ende werden die Tomaten über die Schultern nach hinten geworfen.

Hinters Ohr schreiben

Die TN klappen mit den Zeigefingern die Ohren nach vorne, um dann mit der Nase das Wort „Optimismus" in die Luft zu schreiben. Dabei wird gelacht.

Alle Trümpfe in der Hand haben

Jeder zieht nacheinander 5 imaginäre Karten mit den Lauten ha, he, hi, ho und hu und hält diese in einer Hand. Beim Ziehen jeder dieser Karten staunen, lachen und freuen sich die TN.

Alles auf eine Karte setzen

Jeder TN wirft eine imaginäre Karte in die Mitte. Wie bei dem Spiel „Ich packe einen Koffer" nennt jeder TN einen Gegenstand etc. den er auf diese Karte setzt und wiederholt die vorher genannten Dinge, die bereits auf die Karten gesetzt worden sind.

Sich an die eigene Nase fassen

Jeder fasst sich an die eigene Nase und bewegt sich lachend im Raum umher. In vertrauten Gruppen können sich die TN auch gegenseitig an die Nase fassen.

Einen Floh ins Ohr zu setzen

Imaginäre Flöhe im Raum springen lassen, einfangen und den anderen TN ins Ohr setzen (ohne Berührung) und dabei lachen.

Eine weitere Idee haben

An dieser Stelle wird die Übung „Jemandem geht ein Licht auf" wiederholt.

Die Leviten lesen

Die TN reden auf Gibberisch über das Glücklichsein mit entsprechender Gestik und Mimik.

Oberwasser haben

Mit Schwimmbewegungen bewegen sich die TN lachend im Raum umher. Sie neigen immer wieder den Kopf „unter Wasser" und strecken ihn lachend wieder „aus dem Wasser" heraus.

Sich wie ein Lauffeuer verbreiten

Die TN stehen im Kreis. Ein TN startet mit einem Lachen und steckt jeweils den rechten Nachbarn an. Variante: Verschiedene Lachlaute und auch Wellen zirkulieren im Kreis.

Hand aufs Herz

Die TN formen die Hände zu einem Herz und legen dieses auf die Herzgegend. Die TN begegnen sich sanft und zufrieden lachend.

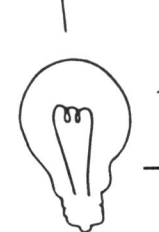

„ Die Leviten lesen "

„Die Leviten zu lesen" bedeutet so viel, wie jemanden zu tadeln, zu schimpfen oder zu ermahnen. Die Redewendung geht zurück auf das Mönchswesen und auf die Bibel, genau genommen auf das dritte Buch Mose, das auch „Levitikus" genannt wird. Schon im 8. Jahrhundert wurden bei den üblichen Andachts- und Bußübungen der Benediktinermönche meist Texte aus dem „Levitikus" vom Bischof vorgelesen, in denen vor allem Verhaltensregeln für die Geistlichen standen. Im Anschluss an die Levitikus-Lesungen folgten dann häufig Mahn- und Strafpredigten. Deswegen hat sich das „Leviten lesen" als Sinnbild für Ermahnungen im heutigen Sprachgebrauch durchgesetzt.

Quelle: https://www.geo.de/geolino/redewendungen/6677-rtkl-redewendung-leviten-lesen

Annegret Hedtke-Maier, Esslingen
Lachyoga-Lehrerin, Pädagogische Fachkraft
www.lachtraum.de

Lachen im Park – Der Eiertanz

Montagmorgen. Ein fast ganz normaler Tag. Doch heute **stehen wir mit den Hühnern auf**. Denn heute ist wieder Lachyoga im Park. Susanne kommt wie immer zuerst. Bis alle eintrudeln, heißt es für sie: **Abwarten und Tee trinken**. 9:30 Uhr. Nun kommen alle schnell daher gehuscht und sind **pünktlich wie die Maurer**. Nur unsere Uschi, sie kommt zu spät. Sie **tanzt da** einfach immer etwas **aus der Reihe**.

Voller Freude starten wir unser Begrüßungsritual: „Hallo, ich bin die ... (Name)". Alle jubeln und klatschen und **vollführen einen Eiertanz**. Nahtlos geht es über in den **Kicher Jig**. Das Gelächter wird immer größer. Passanten beobachten gerne unser Treiben. Manch einer meint, wir wollen sie mit unserem Lachen **auf den Arm nehmen**. Oftmals **kratzen** sie dann schnell **die Kurve**. Dafür **haben** wir beim Parkwächter **einen** großen **Stein im Brett**. Bevor er die Mülltonnen jeden Montag leert, geben wir noch unseren Sorgen-Müll hinzu. Die Woche ist gerettet!

Doch heute Morgen hat eine Taube den absoluten **Bock geschossen**. Sie mischt sich plötzlich in unser Treiben ein. Lauernd sitzt sie über uns im Baume und scheißt Anne auf den Kopf. Zwischen Lachen und Entsetzen müssen wir unsere Emotionen unter Kontrolle bringen. Anne **erstarrt zur Salzsäule**. Doch dann **zieht** Anne blitzschnell **alle Register** und lacht: „Ihr hattet nur Glück, dass ihr ungeschoren davon gekommen seid." Schnell beginnen wir, das Geschehene genauer **unter die Lupe zu nehmen** und versuchen gemeinsam die Sauerei zu beseitigen. Doch der Mist geht so schnell nicht weg. Die Haare stehen Anne zu Berge. Noch bevor sie **einen Föhn bekommt**, bricht sie abermals lauthals in Gelächter aus. Und alle stimmen schnell ein.

Schließlich sind wir Lachyogies und können uns letztendlich auch über diesen Mist einen Ast lachen.

Lachübungen

Mit den Hühnern aufstehen

Jeder Teilnehmer (TN) drückt mit den Lauten ha, he, hi, ho und hu 5 imaginäre, klingelnde Wecker aus. Der sechste Wecker ist ein Lach-Wecker. Sich reckend und streckend stimmen die TN in das Lachen dieses Weckers ein.

Abwarten und Tee trinken

Jeder TN hält fiktiv eine Teetasse mit Wasser in der linken Hand. Mit einem Ha wird ein Glückstee-Beutel genüsslich hinzugefügt. Noch genüsslicher wird umgerührt, um dann lachend von dem Tee zu nippen.

Pünktlich wie ein Maurer

Jeder TN tippt mit dem Zeigefinger und einem Ha, haaa, haaaaa auf seine Uhr. Dann nimmt jeder den Daumen nach oben und tippt lachend und mit einem anerkennenden Gefühl auf seinen Brustkorb.

Aus der Reihe tanzen

Die TN stehen im Kreis und klatschen Hoho, hahaha. Ein TN beginnt bei hahaha z.B. auf die Beine zu klatschen. Alle machen es diesem gleich. Es geht im Kreis herum. Der nächste TN stapft bei hahaha z.B. mit den Füßen auf den Boden. Alle machen es nach, usw. ...

Einen Eiertanz aufführen

Die TN stellen sich vor, dass auf dem Boden ganz viele Eier liegen. Um diese Eier tanzen die TN mit dem Laut hihihi herum. Tritt jemand auf ein Ei, lässt dieser ein kicherndes, verlegenes Lachen ertönen.

Der Kicher Jig

Die TN singen und tanzen ausgelassen den Kicher Jig von der CD „Lebe froh und heiter" von den Wintergreen Goblins.

Jemanden auf den Arm nehmen

Die Gruppe spielt „Wahrheit oder Lüge". Jeder TN erzählt eine kurze Begebenheit. Die anderen TN raten, ob diese wahr oder erfunden ist. Ist diese wahr, freuen sich alle. Ist sie erfunden, tönen alle ein enttäuschtes ooohhhhhh.

Die Kurve kratzen

Mit einem HO, HO legen die TN ihre Hände an die eigenen Ecken und Kanten, die jeder hat. Mit Hahaha kratzen sie erfreut lachend aus diesen Ecken und Kanten einfühlsame und sanfte Kurven.

Einen Stein im Brett haben

Die TN heben imaginäre Lachsteine verschiedener Größen vom Boden auf und verschenken diese erfreut an andere TN.

Einen Bock abschießen

Die TN stehen vor einem Schweizer Bock mit Apfel auf dem Kopf. In 4 Schritten wird mit den Lachlauten Ha ein imaginärer Bogen gespannt, um dann mit dem Pfeil treffsicher lachend den Apfel abzuschießen.

Zur Salzsäule erstarren

Die TN gehen lachend umher. Sobald ein TN „Freeze!" ruft, erstarren alle anderen TN. Sobald ein TN lachend weitergeht, gehen auch die anderen TN lachend weiter.

Alle Register ziehen

Wie ein Orgelspieler ziehen die TN an einer imaginären Orgel mit den verschiedensten Lach- Lauten alle Register.

Etwas unter die Lupe nehmen

Mit einer erdachten Lachlupe in der Hand erforschen die TN lachend sich selber, andere TN oder Gegenstände.

Einen Föhn bekommen

Alle TN halten einen imaginären Föhn. Diesem Föhn entspringen Freude und Glück. Die TN föhnen sich selber und gerne auch andere TN.

Sich einen Ast lachen

Die TN stimmen mit Augenkontakt in ein gemeinsames Abschlusslachen ein.

„ Einen Eiertanz aufführen "

Die Redewendung „Einen Eiertanz aufführen" geht auf ein Erlebnis von Goethe zurück: Der deutsche Dichter Johann Wolfgang von Goethe sah eines Tages ein Mädchen, das Eier in einem bestimmten Muster auf einen Teppich legte und mit verbundenen Augen zwischen ihnen tanzte. Das Mädchen berührte kein einziges Ei und das erstaunte Goethe so sehr, dass er das Gesehene aufschrieb. Viele Leute lasen seine Geschichte und so verbreitete sich die Redewendung „Einen Eiertanz aufführen", wenn jemand sehr vorsichtig sein muss. Da dieser Tanz sehr kompliziert ist, beschreibt diese Redewendung auch Personen, die sehr umständlich sind.

Quelle: https://www.geo.de/geolino/redewendungen/4956-rtkl-redewendung-einen-eiertanz-auffuehren

Susanne Klaus & Heike Maier
Die Lachexpertinnen im Park
www.stuttgarter-lachschule.de
www.die-maier.de

Urlaub in letzter Minute – Schwein gehabt

Endlich, ich habe Urlaub! Doch soll der Urlaub dieses Jahr einfach mal zum **Seele baumeln lassen** sein. Keine Pläne, keine Sightseeing Tour, keine Partys. Einfach nur eine **ruhige Kugel schieben und Friede, Freude, Eierkuchen**. Voller Freude eile ich ins Reisebüro. Dort erwartet mich jedoch ein Mordsandrang. Ich sehe sofort, die **haben alle Hände voll zu tun**.

Es ist an der Zeit, dass denen **mal jemand Feuer unterm Hintern macht**. Die Uhr im Reisebüro zeigt bereits 10 Minuten vor 18.00 Uhr. Die Kundin, die gerade beraten wird, **steht** wohl etwas **auf dem Schlauch**. Sie fragt doch tatsächlich, ob das Hotel, das sie ausgewählt hat, einen Föhn im Bad als Ausstattung besitzt. Ja, wenn man bei solchen Fragen keinen **Föhn bekommt**. Der Zeiger rückt vor auf 5 Minuten vor 18.00 Uhr. Die Beraterin fühlt sich mittlerweile etwas **auf den Arm genommen**. Da sollte mal jemand ordentlich auf den Putz hauen. Der Zeiger rückt weiter bedrohlich voran. 4 Minuten vor 18.00 Uhr. Die Urlaubspläne rücken in weite Ferne. Das ist genau dieses Gefühl, wenn man **die Arschkarte gezogen hat**. Urplötzlich steht die Kundin auf und sieht sehr zufrieden aus. Der Platz ist frei. Schnell einen Hechtsprung auf den Stuhl und der Urlaub ist hoffentlich gerettet. 3 Minuten vor 18.00 Uhr. Der Beraterin **raucht** mittlerweile **der Kopf**. Sie gibt sich alle Mühe, um auch noch für mich **alle Hebel in Bewegung zu setzen**. Der Zeiger rutscht auf 1 Minute vor 18.00 Uhr. Da ist er: **der rettende Strohhalm**. All inklusive, Strand, Meer und Sonnenschein in ruhiger Lage. Yeahhh! Ich **mache** natürlich sofort **Nägel mit Köpfen**. Der Zeiger klickt! Es ist 18.00 Uhr. Jaaaaa! Mein Urlaub ist gerettet. Da habe ich mal wieder **Schwein gehabt**.

Lachübungen

Die Seele baumeln lassen

Die Teilnehmer (TN) umarmen sich liebevoll selbst und wiegen sich sanft lächelnd hin und her. Dann bewegen sie sich wiegend durch den Raum mit Blickkontakt.

Eine ruhige Kugel schieben

Kegeln in Zeitlupe. Die TN schieben eine Kugel ganz ruhig mit langsamen Ha-,ha-Lauten hin und her, um diese dann Richtung ALLE NEUNE rollen zu lassen. Treffer!!!

Friede, Freude, Eierkuchen

Die TN halten eine imaginäre Pfanne in der Hand und geben die Worte „Frieden", „Freude" und „Eierkuchen" hinein. Dann werfen sie diesen Eierkuchen lachend in der Pfanne auf und ab.

Alle Hände voll zu tun haben

Die TN reiben sich mit beiden Händen und Ohh-Lauten die Schweißperlen von der Stirn. Schauen dann in beide Hände und fangen an zu lachen.

Jemandem Feuer unter dem Hintern machen

Die TN gehen im Raum umher und entfachen lachend mit winkenden Händen bei anderen TN (ohne Berührung) das flotte Arbeiten-Feuer. Erst langsam, dann immer schneller werdend.

Auf dem Schlauch stehen

Die TN nehmen einen Wasserschlauch und wickeln diesen mit einem Haaa... auf dem Boden ab. Gemeinsam atmen sie ein und springen mit einem Lachen auf den Schlauch.

Einen Föhn bekommen

Jeder TN nimmt mit dem Laut HA einen imaginären Föhn in die Hand und schaltet diesen mit einem zweiten HA an. Lachend föhnen sich die TN selber und auch gegenseitig die Haare.

Jemanden auf den Arm nehmen

Die TN strecken mit dem ersten HA die Arme nach vorne. Mit dem zweiten HA werden die Arme angewinkelt. Mit weiteren

Lachlauten wiegen die TN die Beraterin dann liebevoll in den Armen hin und her.

Auf den Putz hauen

Die TN klatschen abwechselnd 2x in die Hände und 1x auf die Oberschenkel zum Rhythmus des Liedes „We Will Rock You". Gesungen wird dazu der Liedtext „Alle meine Entchen". Alternativ klatschen die TN mit Partner gegenseitig 2x in die Hände und 3x auf die eigenen Oberschenkel zu den Tönen Hoho, hahaha.

Die Arschkarte ziehen

Alle TN greifen sich an die Gesäßtasche und ziehen lachend eine um die andere schöne Urlaubspostkarte aus der Gesäßtasche hervor.

Jemandem raucht der Kopf

Die TN gehen im Raum umher. Ein TN deutet auf Rauch hin, der aus seinem Kopf steigt. Die anderen TN gehen zu dieser Person und vertreiben den Rauch mit sanftem, liebevollem Lachen. Dem nächsten TN raucht der Kopf...

Alle Hebel in Bewegung setzen

Die TN ergreifen mit den Händen imaginäre Hebel und setzen diese lachend in Bewegung. Sie kommen in die Gänge (bewegen sich im Raum) und sichten dann mit oohhh und aahhh freudig ihre Urlaubsziele.

Der rettende Strohhalm

Jeder TN hat einige imaginäre Strohhalme und schaut mit enttäuschten Lauten durch diese hindurch. Dann erblickt jeder durch einen Strohhalm die rettende Urlaubslösung.

Nägel mit Köpfen machen

Die Nagelkiste ist auf den Boden gefallen. Die TN heben die Nagelstifte auf und befestigen darauf freudig lachend bunte Smiley-Nagelköpfe.

Schwein haben

Die TN stehen im Kreis und nehmen die Schultern einatmend nach oben. Die Schultern fallen ausatmend mit einem „Glück gehabt"- Lachen nach unten.

„Schwein haben"

Die Herkunft dieser Redensart ist nicht mit Sicherheit geklärt. Es wird vermutet, dass sie im Mittelalter entstanden ist. Damals bekam der Letzte oder Schlechteste bei sportlichen Wettkämpfen ein Schwein als Trostpreis. Damit wurde man einerseits lächerlich gemacht, hatte aber andererseits auch etwas Wertvolles bekommen, denn Schweine galten damals als Wertobjekt.
Und - ihr könnt es euch sicher schon denken - auf diesen Zusammenhang geht vermutlich auch der Begriff „Glücksschwein" zurück!

Quelle:https://www.geo.de/geolino/redewendungen/7423-rtkl-schwein-haben

Yasmin Eisenblätter, Neckarsulm
Lachyoga-Leiterin, Trainerin für Gesundheitskurse
www.yasmin-bewegt.de

Paris aus dem Effeff!

Frankreich - ein Land der Romantik, der Kunst und feiner Küche. Wollen wir zusammen Paris erkunden? Jaaaa! Ich sehe schon, ihr **freut** euch **wie die Schneekönige**! Na dann mal los! Wir laufen fröhlich durch die Straßen von Paris und **fühlen uns pudelwohl**! Schnell kommt uns das Lied Frère Jacques / Bruder Jakob in den Sinn (alle stimmen dieses Lied auf HA-Laute mit ein). Die Leute hier reden nur französisch. Wir **verstehen** tatsächlich **nur Bahnhof**.

Dann geht es auf zum Eiffelturm, einer der bekanntesten Ikonen der Weltarchitektur. Viele Menschen verlieben sich hier und **schweben auf Wolke 7**! Schnell stürmen wir mit einem Hoho hahaha den Gipfel des Eifelturms. Das sind ja wunderbare Aussichten. Wir **staunen Bauklötze**. **Einen Steinwurf entfernt** entdecken wir den Louvre. Für Kunstliebhaber ein absolutes Muss! Jährlich drängen sich hier 9 Millionen Besucher. Bei den langen Warteschlangen gilt **abwarten und Tee trinken**. Natürlich **drücken** auch wir dem Louvre **unseren Stempel auf** und hinterlassen ein paar Lachportraits neben Mona Lisa.

Dann sind die Franzosen ja ganz tolle Experten in der Mode. Das **können** sie **aus dem Effeff**! Wir besuchen die Paris Fashion Week - Musik ertönt -. Schnell sind wir selber Models auf dem Laufsteg und **sind Feuer und Flamme** von den hübschen Outfits. Uns knurrt der Magen. Im Restaurant **schenken uns** die Franzosen neben leckerem Essen **reinen Wein ein**. Der französische Wein ist wahrlich so lecker. Doch haben wir anscheinend **zu tief ins Glas geguckt** – wir könnten jetzt **Berge versetzen**. Und sogar Can-Can tanzen! Musik bitte! Alle haken sich beim Nachbarn ein und tanzen Can Can.

Paris, sooo toll! Wir verlassen Paris mit **einem lachenden und einem weinenden Auge**! Wir haben nun selber erlebt, die Franzosen sind Meister des SAVOIR VIVRE!!!

Lachübungen

Sich freuen wie ein Schneekönig

Der Vogel Zaunkönig (Schneekönig) singt sogar im Winter, daher ist es jetzt - 30 Grad. Die Teilnehmer (TN) laufen im Raum, reiben sich an den Unterarmen und „erwärmen" sich mit Lachen: uuuhhhhahaahhahaha.

Sich pudelwohl fühlen

Die TN zaubern sich ein breites Lächeln ins Gesicht, die Augen glänzen vor Freude und alle gehen so lachend im Raum umher. Immer wenn sie in ein anderes Augenpaar blicken, wird gemeinsam laut gelacht.

Nur Bahnhof verstehen

Auf Gibberisch erklären sich die TN gegenseitig, wo in Paris die verschiedensten Sehenswürdigkeiten zu finden sind.

Auf Wolke 7 schweben

Alle TN hüpfen mit einem „allez hop" von einer imaginären Wolke auf die andere. Das Lachen erfolgt automatisch.

Bauklötze staunen

Alle TN gehen durch den Raum. Sobald sie auf jemanden treffen, machen sie „Glotzaugen". Sie zeigen mit dem Zeigefinger auf diese Person, können den eigenen Augen nicht trauen und lachen vor Freude, dieser Person in Paris zu begegnen.

Einen Steinwurf entfernt

Die TN nehmen zuerst in die rechte Hand einen imaginären Stein und werfen ihn auf HA in die Mitte. Dann nehmen alle mit einem „haaaaa" Anlauf (nach vorne gebeugt) und hüpfen in die Mitte. Lauthals wird zusammen gelacht.

Abwarten und Tee trinken

Die TN nehmen in die rechte Hand eine imaginäre Tasse und gießen mithilfe eines imaginären Wasserkochers mit einem Hahaha heißes Wasser in die Tasse. Dann geben sie auf HA den Teebeutel und auf HA den Zucker hinzu und rühren kräftig lachend um.

Einer Sache seinen Stempel aufdrücken

Die TN malen lachend ein imaginäres Lachportrait von sich. Dieses Portrait wird mit einem Bewunderungslachen herumgezeigt und schließlich stolz neben das Bild der Mona Lisa platziert.

Etwas aus dem Effeff können

Die TN bilden einen Kreis. Einer beginnt und klatscht seinem rechten Nachbarn mit dem Laut „eff" zu. Dieser gibt das Klatschen und den Laut „eff" in der Runde an den rechten Nachbarn weiter. Usw. Sagt ein TN „effeff" wird das Klatschen nach links zurückgegeben. Die Richtungen wechseln immer wieder.

Für etwas Feuer und Flamme sein

Die TN gehen im Raum aufeinander zu und fragen: Haben sie Feuer? Die Antwort: Ich bin das Feuer, ahahaha! Jeder deutet lachend auf sein inneres Feuer.

Jemandem reinen Wein einschenken

Die TN schenken sich ein Glas Wein ein und nippen daran. Der Wein ist ungenießbar und wird nach hinten weggekippt. Auch das zweite Glas ist ungenießbar. Das dritte Glas ist ein Genuss. Mit Ha wird angestoßen und lachend der Wein getrunken.

Berge versetzen können

Die TN schieben mit beiden Händen und einem Haaaa imaginäre Berge zuerst nach links, dann nach rechts. Das Gesicht zeigt Anstrengung. Dann lachen alle herzlich, weil der Weg nun freigeräumt ist.

Mit einem lachenden und einem weinenden Auge

Die TN bilden einen Kreis und nehmen sich an der Hand. Zuerst stehen sie etwas vorgebeugt jammernd da. Dann heben sie die Köpfe, schauen einander an und lachen. 2x wiederholen. Dann lachen alle immer lauter und herzlicher miteinander.

„ Etwas aus dem Effeff können "

Diese Redewendung führt uns zu den alten Römern. Die hatten schon vor fast 1500 Jahren ein eigenes Rechtssystem entwickelt. Einen Teil der römischen Gesetzeswerke, die so genannten „Pandekten" - das heißt so viel wie „das Allum-fassende" - wurde im Alltag mit dem griechischen Buchstaben Pi abgekürzt. Eigentlich praktisch – aber in Eile geschrieben sah das Pi schon mal aus wie zwei kleine „f". Und irgendwann setzte sich tatsächlich die Abkürzung „ff" für das Gesetzeswerk durch. Als das Römische Reich schon lange untergegangen war, im 18. Jahrhundert, lebten die römischen Gesetze weiter: Sie bildeten die Grundlage für die Gesetze der jungen europäischen Staaten. Und auch hier wurde als Abkürzung für die Pandekten immer das „ff" benutzt. Wenn ein Jurist sich also besonders gut in seinem Fach auskannte, dann konnte er die Pandekten (= ff) in- und auswendig. Zudem stehen die Pandekten für gesichertes, jahrhundertealtes Wissen: Was aus dem „ff" stammt, ist mit Sicherheit richtig und verlässlich.

Quelle:https://www.geo.de/geolino/redewendungen/6747-rtkl-redewendung-etwas-aus-dem-effeff-koennen

Tanja Tscherwonnych, Ulm
Lachyoga-Leiterin, Zumba-Trainerin, Betriebswirtin
www.lachyoga-ulm.de

Wo der Pfeffer wächst

Was machen wir eigentlich, wenn es uns im Winter hier in unserem Lande zu kalt ist? Richtig, wir gehen dorthin **wo der Pfeffer wächst**. Im warmen Indien gedeiht diese Pflanze nämlich wunderbar. Gesagt, getan! Sofort **machen** wir **uns aus dem Staub**. Wir **setzen alle Hebel in Bewegung**, um so schnell wie möglich an den Flughafen zu gelangen.

Nachdem wir nun endlich **die Kurve gekratzt haben**, sind die Tickets nach Indien flugs gekauft. Wir lassen unseren Pässen eben noch **einen Stempel aufdrücken** und sitzen schon im Flieger. Endlich haben wir **den Abflug gemacht**. Dabei **schweben wir wie auf Wolke 7**. **Pünktlich wie die Maurer** kommen wir in Indien an. Dort werden wir mit einem freundlichen Namasté empfangen. Doch die Hitze macht uns zu schaffen. Im Hotel angekommen müssen wir uns bemühen, **einen kühlen Kopf zu bewahren**. Mit **einem Sprung nach vorne** in den kalten Pool können wir uns rasch wieder erfrischen. Endlich, es gibt

Abendessen. Ein reichhaltiges Buffet wartet im Hotel auf uns. Super, wir können essen wie die Scheunendrescher.

In den nächsten Tagen stehen ein paar Ausflüge auf dem Programm. Neben einigen Sehenswürdigkeiten und Tempeln planen wir einen Ausflug auf das Meer. Wir **sitzen** alle **im gleichen Boo**t und paddeln aus dem Hafen. Dabei müssen wir jedoch feststellen, dass wir **auf dem falschen Dampfer sitzen**. Mit Händen und Füßen bringen wir den Kapitän dazu, das Boot in den sicheren Hafen zurückzuführen. Den Rest des Urlaubs **baden wir** nun lieber am Pool **aus**.

Mit **Hummeln im Hintern** treten wir nach zwei schönen Wochen die Heimreise an. Mit einem freundlichen „Na, altes Haus!" kommen wir wieder in unserem trauten Heime an. Bei der Erinnerung an unseren schönen Urlaub **haben wir gut lachen**. Denn alles in allem ist es wirklich toll dort, wo der Pfeffer wächst.

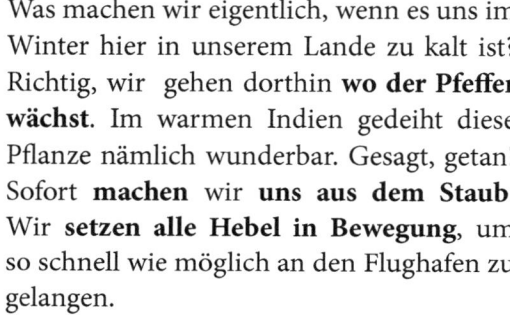

Lachübungen

Wo der Pfeffer wächst
Die Teilnehmer (TN) gehen im Wanderschritt lachend durch den Raum. Wie beim Nordic Walking mit Stöcken schwingen die Arme locker am Körper mit. Auf Blickkontakt achten.

Aus dem Staub machen
Die TN nehmen eine Hand nach vorne und winken einem anderen TN lachend wie bei einer Verabschiedung zu. Dann wird mit den Händen Staub über die linke oder rechte Schulter nach hinten geworfen. Mit dem nächsten TN wird das heitere Prozedere wiederholt.

Alle Hebel in Bewegung setzen
Mit den Armen vor dem Körper können lachend verschiedene Hebel betätigt werden. Erst langsam mit Ho-Ho. Dann immer schneller und lauter lachend mit verschiedenen Lachlauten.

Die Kurve kratzen
Die TN nehmen mit einem Ho-Ho die Hände an die Hüften und fangen dann an, sich lachend die Hüften zu kratzen.

Einen Stempel aufdrücken
Alle TN nehmen einen imaginären Smiley-Stempel in die Hand, gehen damit durch den Raum und stempeln sich gegenseitig lachend einen bunten Stempel in den Reisepass.

Den Abflug machen
Wie ein Vogel gehen die TN lachend mit flatternden Armen durch den Raum. Erst mit langsamen Bewegungen und Tönen. Nach und nach werden die Bewegungen und Töne schneller und lauter.

Auf Wolke 7 schweben
Die Arme werden seitlich am Körper ausgestreckt und die TN „schweben" mit einem Glücksgefühl und Lächeln im Gesicht durch den Raum.

Pünktlich wie die Maurer
Die TN nehmen einen Arm nach vorn und

tippen mit einem Ho-Ho auf die Uhr am Handgelenk. Erstaunt über die eigene Pünktlichkeit lachen alle jubelnd los.

Einen kühlen Kopf bewahren
Mit den Händen wedeln sich die TN selber und auch gegenseitig lachend frische Luft zu.

Einen Sprung nach vorne machen
Die TN gehen in die Knie, atmen tief ein und springen mit einem Lachen gemeinsam nach vorne. Wer nicht springen möchte, macht einen betonten Schritt nach vorne.

Im gleichen Boot sitzen
Die TN bilden einen Kreis und nehmen sich an der Hand. Gemeinsam wird herzlich gelacht. Dabei schauen sich die TN gegenseitig erfreut in die Augen. Auch kann eine Lach-Laola entstehen.

Auf dem falschen Dampfer sein
Die TN sitzen in einem Boot. Eine Hand wird zum Schutz vor der Sonne wie ein Dach über die Augen an die Stirn gelegt. Mit der anderen Hand zeigen die TN dann auf ein imaginäres Boot. Erstaunt bemerken sie, dass dies das Boot ist, auf dem sie eigentlich sitzen sollten. Sie winken gelassen ab und fangen an zu lachen.

Etwas ausbaden müssen
Alle TN stellen sich vor gemeinsam in einer imaginären Badewanne zu sitzen. Lachend spritzen die TN mit dem Wasser um sich.

Hummeln im Hintern haben
Die TN stellen sich mit den Knien leicht gebeugt hin und wackeln mit den Hüften, um Hummeln abzuschütteln, die um den Hintern kreisen. Dabei wird natürlich herzlich gelacht.

Na, altes Haus
Die TN gehen durch den Raum und begrüßen sich winkend und abklatschend erfreut mit einem Lachen.

Gut lachen haben
Es darf frei gelacht werden.

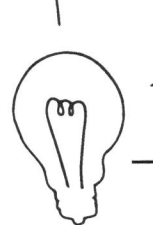

„Wo der Pfeffer wächst"

Manchmal wünscht man jemanden dorthin, wo der Pfeffer wächst - und zwar meistens dann, wenn der Betreffende nicht erwünscht ist oder man ihn einfach nicht sehen will. „Wo der Pfeffer wächst" – das ist ganz schön weit weg. Der Pfeffer kommt nämlich ursprünglich aus Indien. Heute sind Reisende zwar mit Flugzeugen schnell und einfach in Indien, aber früher schien das Land unerreichbar. Sehr praktisch also, wenn sich jemand, den man nicht leiden kann, in weiter Ferne aufhält! Und deshalb wünschen wir auch heute noch Menschen dorthin, wo der Pfeffer wächst (auch wenn sie nicht unbedingt direkt dafür nach Indien reisen müssen).

Quelle: https://www.geo.de/geolino/redewendungen/8790-rtkl-redewendung-wo-der-pfeffer-waechst

Sebastian Surjan Chamuel Blömke, Ebhausen
Meditation und Lachyoga in Ebhausen
www.bloemke.net

Lasst uns den Besen schwingen

Kennt Ihr das auch? Immer dann, wenn nach dem Winter die Vögel laut zu zwitschern beginnen, entdecke ich Staubschichten ohne Ende in meinem trauten Heim. Genau! Es ist Frühling! **Die Spatzen pfeifen es** schon **von den Dächern**. Also höchste Zeit, um Hand anzulegen und klar Schiff zu machen für den Sommer. **Wir stellen alles auf den Kopf.** Der komplette Haushalt muss dran glauben. Wir krempeln alles um, damit Unbrauchbares **in der Versenkung verschwinden kann**. Dabei stellen wir fest, dass in den letzten Monaten so manches **unter den Teppich gekehrt** wurde.

Sind die Staubschichten beseitigt, feiern wir genüsslich unseren ersten Erfolg. Und während wir ganz happy mit uns selbst anstoßen, kommt uns der Gedanke, dass man ja auch mal wieder die Wohnung renovieren könnte. **Höchste Zeit für einen Tapetenwechsel!** Blümchen sind doch viel schöner, nicht nur im Garten sondern auch an den Wänden. Weg also mit der ollen Raufaser! **Die hat** sowieso schon jeder **satt.**

Ritsch-ratsch **schneiden** wir die **alten Zöpfe ab.** Wir kleistern alles voll und **drücken unseren eigenen Stempel auf**!

Beim Rundumschlag scheinen wir regelrecht **Hummeln im Hintern zu haben.** Nichts kann uns aufhalten und wir **führen einen** richtigen **Eiertanz auf.** Ist drinnen **alles picobello** geht es flugs nach draußen. Dort **hören wir** nämlich schon **das Gras wachsen.** Rasenmäher anwerfen, heißt unser nächstes Motto. Plötzlich fällt unser Blick auf die Blumen und die wuchernden Wildkräuter in unseren Beeten. Die **schießen wie Pilze aus dem Boden.** Wir **springen** also munter weiter **im Dreieck.**

Am Abend wollen wir dann von nichts und niemandem mehr etwas wissen und nur noch **drei Kreuze machen.** Selig lächelnd gehen wir letztendlich zu Bett und **schlafen** tief und fest **wie ein Murmeltier.**

Lachübungen

Den Besen schwingen

Alle Teilnehmer (TN) kommen in die Mitte, die Faust des einen packt den Daumen des anderen und gemeinsam wird lachend der imaginäre Besenstiel geschwungen. Auch in kleinen Einzelgruppen möglich.

Die Spatzen pfeifen es von den Dächern

Die TN verschränken die Hände hinter dem Rücken und mit Unschuldsmiene wandeln sie lach-pfeifend in den Himmel blickend durch den Raum.

Alles auf den Kopf stellen

Die TN platzieren imaginäre Gegenstände auf ihrem Kopf, achten auf eine gesamte Körperspannung und halten die Gegenstände mit den Händen fest. Dann balancieren sie diese lachend durch den Raum.

In der Versenkung verschwinden

Dann setzen die TN alle auf dem Kopf befindliche Gegenstände in der Raummitte ab und gemeinsam wird mit ha ha ha Erde darüber geschoben.

Unter den Teppich kehren

Alle heben mit einer Hand die linke Seite eines imaginären Teppich hoch und kehren mit der anderen Hand mit hihihi ganz viel Unrat darunter. Dann gehen die TN zur rechten Seite des Teppichs und holen den umgewandelten Unrat in Form von Glück, Freude und Lachen wieder hervor.

Höchste Zeit für Tapetenwechsel

Einige TN strecken den linken Arm nach oben und zeigen lachend auf die Armbanduhr. Die anderen TN ziehen mit aaaahahaha eine imaginäre Tapete von oben nach unten ab.

Etwas satt haben

Lachend den eigenen Bauch reibend wandeln alle TN durch den Raum.

Alte Zöpfe abschneiden

Die TN formen mit den Fingern eine Schere und schneiden damit alle ungeliebten Gewohnheiten ab und werfen sie lachend hinter sich.

Einen Stempel aufdrücken

Eine ausgestreckte Hand stellt das Stempelkissen dar. Die zweite als Faust einen Glücks-Stempel, mit dem sich die TN selbst oder in vertrauter Gruppe gegenseitig verzieren.

Hummeln im Hintern haben

Die TN wandeln lachend mit einem wackelnden Entenpopo durch den Raum.

Einen Eiertanz aufführen

Die TN tanzen lachend durch den Raum und haken sich wechselseitig mit dem kleinen Finger mal rechts, mal links bei anderen TN ein.

Alles picobello

Alle formen mit Daumen und Zeigefinger das Anerkennungszeichen und rufen dabei laut bewundernd oohohoho...

Das Gras wachsen hören

Die TN beugen sich nach unten und lauschen mit einem leisem aaaah ausatmend mal mit dem rechten, mal mit dem linken Ohr Richtung Boden.

Wie Pilze aus dem Boden schießen

Die TN gehen in die Hocke und wachsen mit einem ansteigenden Lachen wie Pilze aus dem Boden.

Im Dreieck springen

3 TN finden sich zusammen, fassen sich an den Händen und lachen im Dreieck. Auf ein Kommando löst sich diese Dreiergruppe auf und neue Dreiergruppen bilden sich und lachen wieder miteinander.

Drei Kreuze machen

Die TN zeichnen mit verschiedenen Lachlauten 3 vierblättrige Kleeblätter in die Luft. Diese stehen z.B. für Frieden, Glück und Zuversicht. Anschließend wird diese Energie liebevoll lachend im ganzen Raum verteilt.

Schlafen wie ein Murmeltier

Alle stehen im Kreis und wiegen sich zufrieden und stolz lächelnd über das vollbrachte Tagwerk sanft hin und her.

„Im Dreieck springen"

Mitte des 19. Jahrhunderts ließ Friedrich Wilhelm IV. in Berlin ein Gefängnis errichtet, das so ganz anders aussah als alle anderen: Hier durften die Gefangenen nicht in Gemeinschaftsräumen zusammentreffen, sondern waren alle einzeln untergebracht. Friedrich Wilhelm IV. wollte damit verhindern, dass sich die Inhaftierten untereinander schlecht beeinflussten oder die Straftäter vielleicht sogar gemeinsam etwas aussheckten. Auch der runde Hof auf dem Gefängnisgelände wurde kuchenstückartig in zwanzig einzelne „Spazierhöfe" unterteilt, die von hohen Mauern umgeben waren. So wurde sichergestellt, dass die Insassen auch draußen beim Freigang keinen Kontakt zu ihren Mithäftlingen hatten. In den gerade mal zehn Quadratmeter großen, dreieckigen Höfen wurde die Isolation hin und wieder einem der Gefangenen zu viel. Wenn dieser seinen Ärger nicht mehr kontrollieren konnte, dann sprang er vor lauter Wut in dem kleinen Dreieck herum.

Quelle: https://www.geo.de/geolino/redewendungen/15105-rtkl-redewendung-im-dreieck-springen

Heike Böck, Heidenheim
Lachyoga-Leiterin, Lachyoga Einzelcoaching
www.heidenheimlacht.de

Auf den Hund gekommen

Wir in unserer Familie sind jetzt tatsächlich **auf den Hund gekommen**.

Mein Sohn **lässt** eines Tages **die Katze aus dem Sack**. Er erklärt uns mit großer Bestimmtheit, dass er einen Hund haben möchte. Und **durch die Blume** erinnert er mich immer wieder daran. Täglich **kaut er mir ein Ohr ab**. Und zu guter Letzt **stößt** er mich dann **mit der Nase auf** eine Hunde-Annonce. So hat es mein Sohn tatsächlich geschafft, mir diesen Hund **aus dem Kreuz zu leiern**.

Diese vierbeinige Fellnase **tanzt mir** seit dem gewaltig **auf der Nase herum**. So, dass mir manchmal sogar **der Kragen platzt**. Deswegen **schaue** ich ab und zu ziemlich **dumm aus der Wäsche**. Mein Sohn sagt dann stets zu mir, ich solle **den Ball** mal **flach halten**. Er sieht es so, dass **die Pferde** mal wieder **mit mir durchgehen**. Und manchmal **fällt** mir bei all dem Stress regelrecht **die Decke auf den Kopf**. Dann **nehme ich die Beine in die Hand** und verlasse schnell das Haus. Vor Zorn sage ich dann:

„Da wird doch der Hund in der Pfanne verrückt". Nach einer Weile Abstand stelle ich fest, dass all **das Trübsal blasen** nichts nutzt. Ich habe einfach nur mal wieder ein Brett vor dem Kopf.

Wie von der Tarantel gestochen springe ich auf. Ich beschließe, dass mir der ganze Stress von nun an mal **den Buckel runterrutschen** kann. Ich erkenne, dass ich **vor lauter Bäumen den Wald nicht gesehen habe**. Nun gehe ich mit unserem Hund in genau diesen und finde dort den Ball, den ich flach gehalten hatte. Der Hund rennt damit los und ich **lache mich schlapp**. Ich freue mich nun einfach sehr darüber, wie toll es ist, auf den Hund gekommen zu sein.

Lachübungen

Auf den Hund kommen

Die Teilnehmer (TN) haben alle einen imaginären Hund an der Leine. Solange der Hund bei Fuss läuft, wird leise gelacht. Läuft der Hund weiter weg, schaut man ihm hinterher und lacht lauter.

Die Katze aus dem Sack lassen

Die TN stehen im Kreis und öffnen einen kleinen Stoffsack. Aus diesem Sack ertönt ein kleines Lachen. Weitere immer größer werdende Säcke werden geöffnet. Dabei wird die Lautstärke des Lachens ebenfalls größer.

Etwas durch die Blume sagen

Die TN pflücken imaginär eine Blume und riechen mit 2-3 tiefen Atemzügen an dieser Blume. Freundlich lächelnd verschenken sie diese Blume an andere TN.

Jemandem ein Ohr abkauen

Auf Gibberisch erzählen sich die TN gegenseitig ihre Herzenswünsche.

Mit der Nase auf etwas stoßen

Mit dem Zeigefinger tippen sich die TN mit einem Ho-Ho auf die Nase. Dann nehmen sie die Arme nach oben, um mit einem erkennenden, fröhlich lächelnden Gesicht zu einem Ahhhh... anzustimmen.

Auf der Nase herumtanzen

Dies ist ein schöner Moment für ein fröhliches Lied, das zum Tanzen und Singen einlädt.

Jemandem platzt der Kragen

Die TN legen sich sanft die Hände um den Hals zu einem Kragen. Mit Ho-Ho-Ho wird dieser immer dicker, als ob sich der Kragen füllt. Mit einem herzhaften Lachen platzt dieser Kragen dann.

Dumm aus der Wäsche schauen

Die TN legen sich die Hände horizontal an die Stirn und machen einen witzigen Gesichtsausdruck. Mit einem Ho-Ho stellen sie sich auf die Zehenspitzen, um sich dann über die Hände hinweg lachend anzuschauen.

Den Ball flach halten

Ein schönes Ball-Spiel findet hier seinen Platz. Z.B. ein Ball wird im Kreis geworfen. Derjenige, der den Ball hat, lacht und wirft ihn weiter.

Jemandem gehen die Pferde durch

Die TN laufen lachend im Galopp durch den Raum und machen dabei auch gerne Pferde-Geräusch, die dann wieder in eine Lachen übergehen.

Jemandem fällt die Decke auf den Kopf

Mit einem erschrockenen Ho nehmen die TN die Hände schützend nach oben, um eine herunterfallende Decke festzuhalten. Mit einem Schritt zur Seite lassen sie diese neben sich lachend fallen.

Die Beine in die Hand nehmen

Mit einem sanften Lachen streichen sich die TN liebevoll über die Beine. Andere Körperteile können hinzugefügt werden.

Trübsal blasen

Mit einer Hand vor dem Mund blasen die TN einen imaginären Luftballon auf und pusten dabei ihren Trübsal hinein. Wenn dieser gut gefüllt ist, nimmt man mit der zweiten Hand eine Nadel und bringt diesen Ballon mit einem Lachen zum Platzen.

Den Buckel runterrutschen

Die TN atmen aus und gehen dabei mit dem Oberkörper nach unten. Sie machen einen Buckel. Beim tiefen Einatmen und Aufrichten rutschen alle Sorgen den Buckel herunter.

Vor lauter Bäumen den Wald nicht sehen

Mit einem Ho beugen sich die TN mit dem Oberkörper nach links, um an einem Baum vorbei zu schauen. Anschließend mit einem weiteren Ho nach rechts. Dann machen die TN einen Schritt nach hinten, um dann mit einem Lachen den ganzen Wald sehen zu können.

Sich schlapp lachen

Hier dürfen alle TN frei lachen.

„ Auf den Hund kommen "

Diese Redewendung bedeutet, dass es jemandem gar nicht gut geht. Zum Beispiel ist seine Gesundheit ruiniert oder er hat sein ganzes Hab und Gut verloren. Es gibt mehrere Erklärungen, warum Hunde hier in einem so negativen Zusammenhang auftauchen. Eine davon lautet so: Manche Menschen hatten am Boden ihrer Geldtruhe einen gezeichneten oder geschnitzten Wachhund abgebildet. Der sollte Diebe abschrecken und den Besitzer selbst zur Sparsamkeit ermahnen. Hatte nun einer so viel Geld ausgegeben, dass dieser Hund zum Vorschein kam, war er „auf den Hund gekommen". Aber auch sonst ist der Hund umgangssprachlich oft ein armes Tier. Denn früher wurden nur die Schoßhunde bei den reichen Herren verhätschelt. Ausdrücke wie „Jemanden wie einen Hund behandeln" oder „hundeelend" erinnern daran, welchen Stellenwert Hunde bei einfachen Leuten hatten.

Quelle: https://www.geo.de/geolino/redewendungen/3765-rtkl-redewendung-auf-den-hund-kommen

Selina Ammaturo, Ebhausen
Meditations- und Seminar-Leiterin
www.zentrum-zur-wirklichkeit.de

Das Geschenk – Die zündende Idee

Letztes Frühjahr in meinen Lachclub! Alle Lachyogis warten schon ganz gespannt, dass die Lachstunde beginnt. Doch was ist mit Max? Der scheint mir heute ziemlich bedrückt. Ich frage ihn: "Welche **Laus** ist dir denn **über die Leber gelaufen?** Es ist Frühling, alles grünt und blüht, da ist man eigentlich **fröhlich wie ein Spatz.**"

Da erwidert Max: „Oh je, meine Frau hat in 2 Wochen Geburtstag, sie wird 50! Und ich habe keinen blassen Schimmer, was ich ihr schenken soll. Sonst kommt immer ein **Wink mit dem Zaunpfahl.** Aber ausgerechnet zu ihrem 50. Geburtstag kommt gar nichts. Bisher habe ich nur **eine zündende Idee.** Ich organisiere für sie eine Party. Bin gleich mal bei ihr **auf Tuchfühlung gegangen** und habe damit **den Nagel auf den Kopf getroffen!** Ich habe gleich **die Ärmel hochgekrempelt** und alles organisiert. Aber nun fehlt es noch am letzten „Kick". Schließlich ist es eine 50er-Feier. Da möchte ich keine **kleinen Brötchen backen.** Mir fällt einfach nichts ein. Ich **habe** ein richtiges **Brett vor dem Kopf.**" Spontan schlage ich ihm vor, Lachyoga mit den Gästen zu machen: „Sie werden gute Laune haben und der Abend ist gerettet. Ich **fresse einen Besen,** wenn das nicht klappt." Max **fiel ein Stein vom Herzen** und so machten wir die Lach-Sache klar.

2 Tage vor der Party ruft Max mich an. Er **bekommt kalte Füße:** „Sollen wir das wirklich machen? Wenn die Gäste nicht mitmachen, stehe ich ganz schön dumm da." Ich ermuntere ihn: „Das ziehen wir jetzt durch. Du wirst sehen, die **biegen sich vor Lachen.**"

Und so war's dann auch. Mit der Lachpille, Cocktail-Lachen und beim Kastenfisch blieb kein Auge trocken. Seine Frau **freute sich wie eine Schneekönigin.** Max **klopft sich stolz auf die Schulter:** Wieder alles richtig gemacht, hahaha!

Lachübungen

Jemandem läuft eine Laus über die Leber

Die Teilnehmer (TN) bewegen die Finger der linken Hand krabbelnd über den rechten Oberbauch. Sie lassen ein leises Lachen langsam in ein steigendes, lauteres Lachen übergehen.

Fröhlich wie ein Spatz

Die TN gehen fröhlich lächelnd mit Flügelbewegungen durch den Raum. Wenn sie auf jemanden treffen, wird das Lachen erfreuter und lauter.

Ein Wink mit dem Zaunpfahl

Die TN stehen vor einem imaginären Stapel von Zaunpfählen. Mit einem Ha nehmen sie einen Pfahl nach dem anderen und winken sich damit lachend zu. Dabei gibt es kleine, große, schwere, leichte Pfähle. Je nach Pfahl ist die Intensität des Lachens leiser oder lauter.

Die zündende Idee

Die TN stehen im Kreis und nehmen sich an der Hand. Über einen Händedruck wird ein Lachen im Kreis weitergegeben. Hat das Lachen den Ausgangspunkt erreicht, startet eine gemeinsame Lachrakete.

Den Nagel auf den Kopf treffen

Die TN stehen vor einem imaginären Balken, auf dem viele Nägel stecken (Wetthämmern). Mit einem Ha den Hammer in die Hand nehmen, auf Ha Arm nach oben und lachend die Nägel der Reihe nach ganz in den Balken schlagen.

Die Ärmel hochkrempeln

Die TN strecken den rechten Arm nach vorne und krempeln mit der linken Hand mit einem Ha den Hemdsärmel um. Links wiederholen. Dann werden lachend die Ärmel rechts und links nach oben geschoben.

Kleine Brötchen backen

Die TN haben eine große Schüssel mit Brotteig vor sich stehen. Lachend kneten sie den Teig, reißen Stücke davon ab und formen kleine Smiley-Brötchen daraus.

Ein Brett vor dem Kopf haben

Jeder schaut in die rechte Handfläche und sagt Ha. Mit einem weiteren Ha hält jeder die Hand vor die Stirn. Lachend gehen alle mit diesem Brett vor dem Kopf durch den Raum. Wiederholung mit der linken Handfläche.

Einen Besen fressen

Die TN halten zwischen ihren Händen fiktiv einen Besenstil, atmen tief ein und knabbern lachend am Besenstil.

Jemandem fällt ein Stein vom Herzen

Die TN nehmen beide Hände ans Herz. Mit den nächsten 3 Atemzügen werden die Handflächen mit einem sanften Lachen gefüllt. Dann öffnen sich die Hände und ein Lach-Stein fällt zu Boden. Stolz lachend zeigen alle auf die Lach-Steine.

Kalte Füße bekommen

Die TN stehen mit beiden Beinen fest auf dem Boden. Mit Ho,ho... abwechselnd den Fuß heben, und so tun, als ob man ihn auf dem anderen Fußrücken wärmen will. Dann stampfen alle lachend durch den Raum, damit die Füße warm werden.

Sich biegen vor Lachen

Die TN stehen hüftbreit, die Arme hängen locker wie Spaghetti am Körper. Lächelnd federn sie in den Knien, biegen sich in alle Richtungen und aus dem Lächeln wird ein kräftiges Lachen.

Sich freuen wie ein Schneekönig

Als König/-in steht jeder TN kerzengerade im Raum und freut sich majestätisch. Die Könige/in werden zu Schneekönigen und flattern jubelnd lachend umher. Diese beiden Figuren wechseln immer wieder auf Kommando.

Sich auf die Schulter klopfen

Am Schluss klopfen sich alle TN mit einem anerkennenden Lachen auf die Schulter.

„Kalte Füße bekommen"

Redensartlich bekommt man kalte Füße, wenn man Angst hat oder sich überfordert fühlt. Wenn sich jemand etwas vorgenommen hat und es dann doch nicht umsetzt, weil ihm nicht wohl bei der Sache ist, dann spricht man davon, dass er kalte Füße bekommt. Aber was hat ein Rückzieher mit kalten Füßen zu tun? Diese Redewendung kommt aus der Welt des Glücksspiels. Weil das Kartenspielen um Geld früher verboten war, zogen sich die Glücksspieler in düstere Keller zurück. Dort war es meist auch ziemlich kalt. Hatte nun einer der Spieler schlechte Karten und wollte aus dem Spiel aussteigen, dann nutzte er die Kälte im Keller als Ausrede: „Ich habe so kalte Füße, ich gehe jetzt lieber." Und so wurde der Ausdruck „Kalte Füße bekommen" im Laufe der Zeit zu einer Redensart, wenn man sich aus einer unangenehmen Situation davon stehlen wollte.

Quelle:https://www.geo.de/geolino/redewendungen/7725-rtkl-redewendung-kalte-fuesse-bekommen

Sabine Springindschmitten, Bad Dürrheim
Lachyoga-Lehrerin, Vertriebsassistentin
www.die-lach-oase.de

Der Glückspilz

Das ist ein Tag! Morgens bin ich schon **mit dem falschen Fuß aufgestanden**. Der Strom ist ausgefallen und ich tappe **blind wie ein Maulwurf** im Dunklen umher. Prompt stolpere ich über den Läufer und **mache den Abflug**. Geistesgegenwärtig **vollführe** ich einen beherzten **Seitensprung** und kann mich am Vorhang festhalten. Ich atme tief durch und **klopfe dreimal auf Holz**. Das hätte auch ins Auge gehen können. Habe ich heute **die Arschkarte gezogen**?

Auf dem Weg zur Arbeit. Ein LKW schneidet mich urplötzlich, so dass ich scharf bremsen muss. Ich **schimpfe wie ein Rohrspatz**. Doch was ich dann voller Faszination sehe... Ich **fresse einen Besen**, wenn es nicht wahr ist. Ein Fass mit Sirup kippt auf dem 20 m entfernten LKW um und ergießt sich auf die Straße. Und genau in diesem Moment fliegt ein Schwarm Tauben in der Mauser über diese Sirup-Masse hinweg. Mir **rutscht das Herz in die Hose**. Hätte ich nicht so scharf bremsen müssen, wären mein geliebtes Cabrio und ich geteert und gefedert worden.

Natürlich komme ich zu spät zur Arbeit und **ernte einen schiefen Blick** von meinem Chef. Doch zum Glück ist gleich Mittag. Als ich mein Mittagessen aus dem Kühlschrank holen will, stelle ich fest, dass ein Kollege schneller war. Mein Lieblingssalat ist verschwunden. Erst überlege ich, **ein Fass aufzumachen**. Aber dann entscheide ich mich, **den Ball flach zu halten**. Ich werde **den Gürtel** heute einfach mal **enger schnallen**. Intervall-Fasten soll ja sehr gesund sein. Später entschuldigt sich der Kollege bei mir und lädt mich zu einem 5 Gänge Menü am Abend ein. Manchmal ist es eben Gold wert, die Ruhe zu bewahren.

Der springende Punkt ist: Wenn ich das Erlebte Revue passieren lasse, bin ich heute **der Glückspilz** des Tages. Als ich das erkenne, beginne ich erst leise und dann immer lauter zu lachen.

Lachübungen

Mit dem falschen Fuß aufstehen

Die Teilnehmer (TN) stellen sich auf den schwächeren Fuß, wippen lachend darauf herum, drehen den Oberkörper nach rechts und links und nehmen die Arme zur Balance hinzu. Blickkontakt lachend halten.

Blind wie ein Maulwurf sein

Die TN laufen langsam und vorsichtig mit geöffneten Augen durch den Raum. Sie tun aber so, als würden sie nichts sehen. Immer wenn sie einen Mitlacher berühren, erschrecken sie kurz und lachen.

Den Abflug machen

Die TN hüpfen gemeinsam auf HA in die Mitte in ein imaginäres Flugzeug. Mit einem langgezogenen Haaaa aus der Hocke heraus startet das Flugzeug. Beim Abheben winken die TN einander lachend zu.

Einen Seitensprung machen

2 TN gehen aufeinander zu und kurz bevor sie sich treffen, springen beide zur Seite. Springen beide zur gleichen Seite, lachen beide, springen sie in entgegengesetzte Richtungen, jammern sie.

Dreimal auf Holz klopfen

Die TN klopfen Holz suchend 3x mit der Hand und verschiedenen Lachlauten zuerst nach links, dann nach rechts und dann nach unten. Schließlich finden sie das Holz! Die TN klopfen mit einem lauten Lachen am eigenen Kopf.

Die Arschkarte ziehen

Die TN ziehen eine imaginäre Karte aus der Gesäßtasche. Sie schauen darauf und sehen auf der Karte abgebildet, wie sie erschrocken am Vorhang hängen. Die Karten werden lachend herumgezeigt.

Schimpfen wie ein Rohrspatz

Alle schlagen mit angewinkelten Armen wie mit Flügeln und schimpfen dabei auf Gibberisch.

Einen Besen fressen

Die TN halten einen imaginären Smiley

Besen in der Hand. Lustvoll fangen sie an, an diesem Besen zu knabbern - kleines Lachen. Sie merken, dass dieser Besen Glück und Freude im Körper vermehrt. Das Knabbern wird schneller, das Lachen lauter.

Jemandem rutscht das Herz in die Hose

Die TN schütteln kräftig das linke Bein. Dann beugen sie sich nach unten und holen am Hosenbein voller stolz ein Herz hervor. Dies wird den anderen TN lachend gezeigt. Gerne mit rechts wiederholen.

Einen schiefen Blick ernten

Die TN gehen durch den Raum. Immer wenn sie einem Augenpaar begegnen, setzen sie einen schiefen Blick auf. Diesem folgt ein gemeinsames Lachen.

Ein Fass aufmachen

Die TN bilden einen Kreis um ein imaginäres Fass. Mit einem Haaa... öffnet ein TN den Deckel. Dann steuern die TN neugierig leise lachend auf das Fass zu. Je näher sie dem Fass kommen desto lauter wird das Lachen. Ein Lach-Fass!!

Den Ball flach halten

Die TN stellen sich vor, mit einem imaginären Ball lachend durch den Raum zu dribbeln. Man darf durchaus andere Bälle klauen.

Den Gürtel enger schnallen

Die TN legen beide Fäuste über Kreuz an den Gürtel und ziehen mit einem langgezogenen „eeehhh" von den Hüften, über die Körpermitte den Gürtel enger und enger und halten dabei die Luft an. Der Gürtel reißt, die Fäuste gehen auf und ein befreites Lachen prustet hervor.

Der springende Punkt

Die TN stehen im Kreis mit geöffneten Handflächen nach vorne. Ein imaginärer Punkt springt spielerisch mit ganz viel Lachen von Hand zu Hand.

„Der springende Punkt"

Die Herkunft dieser Redensart hat tatsächlich mit etwas Lebendigem zu tun. Mit einem Hühnerei nämlich, oder genauer: dem Küken, das im Ei heranreift. Schon Aristoteles, ein griechischer Philosoph, hat darin einen springenden Punkt erkannt. Wenn sich auf dem Eidotter langsam das kleine Vögelchen entwickelt, so kann man sein noch viel kleineres Herz schlagen sehen. Das kleine Herz sieht aus wie ein springender Punkt. Auch der Arzt sieht auf dem Ultraschallbild bei Babys das Herz als sich bewegenden Punkt. Und damit wird auch klar, weshalb die Redensart ihre Berechtigung hat, denn was gibt es Wichtigeres als ein schlagendes Herz?

Quelle: https://www.geo.de/geolino/redewendungen/8131-rtkl-redewendung-der-springende-punkt

Eine Gastgeschichte von:

Beate Schulze Bremer, Lienen
Lachyoga-Lehrerin, Dipl. Biologin
www.lachlehrerin.de

Die Gardinenpredigt

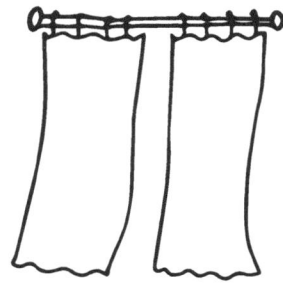

Neulich in der Mittagspause. Mein Kollege Karl **plaudert aus dem Nähkästchen**:

Als ich letzte Woche nicht aus dem Bett gekommen bin, hat meine Partnerin mir doch tatsächlich **eine lange Gardinenpredigt gehalten**. „Der frühe Vogel fängt den Wurm!" kam sie ganz aufgeregt ins Schlafzimmer geschossen. „**Das kannst du dir abschminken**, dass du den ganzen Tag hier auf der faulen Haut liegen bleiben kannst. Ich muss einfach einmal **Tacheles mit dir reden**."

Und dabei nahm sie **kein Blatt vor den Mund**. „Ich **habe** hier immer **alle Hände voll zu tun**. Und du, du bekommst deinen Hintern nicht hoch! Ständig muss ich hier im Haus für alle die **schmutzige Wäsche waschen**. Und die Kinder **tanzen mir** ständig **auf der Nase herum**. Jede Woche leiern sie mir das Geld aus den Rippen. Kurzum, **der springende Punkt** ist, ich möchte mir hier nicht länger die Zähne ausbeißen." Sie atmet hörbar aus. „Ich musste dir jetzt einfach einmal **reinen Wein einschenken**. Niemand ist mir hier eine Hilfe im Haus."

Daraufhin bin ich aus dem Bett gesprungen und habe meine Frau erst einmal liebevoll in den Arm genommen. Ich habe ihr erklärt, dass wir ja nicht **am Hungertuch nagen**. Außerdem können wir den Kindern ihre Zeit zugestehen, bis sie **der Ernst des Lebens** einholt. Mein Vorschlag, ihr die ein oder andere Aufgabe abzunehmen, hat sie begeistert angenommen. Zuerst bin ich dann **an die Wäsche gegangen**. Auch andere Aufgaben waren ruck-zuck erledigt und wir konnten **das Kriegsbeil** endlich wieder **begraben**.

Wir haben uns dann gegenseitig **auf die Schulter geklopft** und waren froh, dass wir diese Krise überstanden hatten. Und für den Rest des Tages war wieder **Friede, Freude, Eierkuchen**. Auch heute noch **lachen wir uns schief**, wenn wir an diesen Morgen zurück denken.

Lachübungen

Aus dem Nähkästchen plaudern
Die Teilnehmer (TN) haben vor sich ein imaginäres Nähkästchen. Je nachdem wie weit sie das Kästchen öffnen, kommen verschiedene Dinge mit einem leiseren oder lauteren Lachen hervor.

Eine Gardinenpredigt halten
Mit erhoben Zeigefinger gehen die TN durch den Raum und halten sich dabei lachende Predigten.

Sich etwas abschminken können
Vor einem imaginären Spiegel wird sich lachend Schminke aus dem Gesicht entfernt. In einer vertrauten Gruppe auch als Partnerübung möglich.

Tacheles reden
Die TN schreiten durch den Raum und sprechen in verschiedenen Gemütszuständen miteinander Gibberisch.

Kein Blatt vor den Mund nehmen
Mit einem Ho nehmen die TN eine Hand vor den Mund, um dann schüchtern dahinter zu lachen.

Alle Hände voll zu tun haben
Die TN nehmen die Hände zu einer Schale vor die Brust. Die Schale ist randvoll mit Arbeit gefüllt. Der Inhalt wird kurz belacht und dann freudvoll über die Schulter nach hinten weg geworfen.

Schmutzige Wäsche waschen
Lachend mit den Armen nach vorn waschen die TN die Wäsche wie früher auf einem Waschbrett.

Auf der Nase herum tanzen
Dies ist ein schöner Moment für ein fröhliches Lied zu dem getanzt wird. Die TN können sich auch in tanzenden Bewegungen miteinander fröhlich lachend durch den Raum bewegen.

Der springende Punkt
Ein Ball wird in die Runde gegeben. Die TN lachen. Immer dort wo sich der Ball gerade befindet, wird besonders laut gelacht.

Jemandem reinen Wein einschenken

Die TN gießen mit Haaaaa... Wein in ein imaginäres Glas. Dieses wird dann lachend getrunken.

Am Hungertuch nagen

Die TN nehmen die Hände an den Mund, als ob sie ein Tuch in der Hand halten. An diesem wird dann fröhlich lachend genagt.

Der Ernst des Lebens

Die TN stellen sich gegenseitig ihren imaginären Freund „Ernst" vor. Diesem wird dann lachend die Hand geschüttelt.

An die Wäsche gehen

Mit einem Ho-Ho-Ho gehen die TN durch den Raum zu einem imaginären Wäschekorb. Aus diesem werden dann lachend Kleidungsstücke hervorgeholt und an die Wäscheleine gehängt.

Das Kriegsbeil begraben

Die TN graben mit einem Ho-Ho-Ho ein Loch mit einer Schaufel in den Boden. In diesen wird dann das Kriegsbeil geworfen und lachend wieder zugegraben.

Auf die Schulter klopfen

Mit einem Ho nehmen die TN den Arm nach oben, mit einem weiten Ho, noch etwas weiter und dann klopfen sie sich selbst lachend auf die Schulter. Optional auch als Partnerübung. Dabei klopfen sich die TN gegenseitig lachend auf die Schulter.

Friede, Freude, Eierkuchen

Mit einer imaginären Pfanne werden lachend Eierkuchen durch die Luft geworfen. Gerne können auch Eierkuchen von anderen TN aufgefangen werden.

Sich schief lachen

Es darf frei gelacht werden.

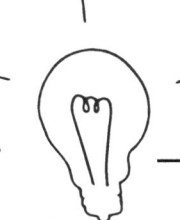

„ Die Gardinenpredigt "

Eine Strafpredigt wird oft auch Gardinenpredigt genannt. Kommt ihr also zu spät nach Hause, hält eure Mutter euch vielleicht schon mal eine Gardinenpredigt. Warum sie euch eine Predigt hält, ist ja eigentlich klar: Genau wie der Pfarrer in der Kirche erklärt sie euch, was in Ordnung ist und was nicht - und warum ihr etwas falsch gemacht hat. Aber wieso heißt es Gardinenpredigt? Früher hingen in vielen Schlafzimmern Vorhänge vor den Betten - also Gardinen. Ist dann abends der Ehemann zu spät aus der Kneipe heimgekommen während seine Frau schon im Bett lag, dann hat sie manchmal mit ihm geschimpft und ihm eine Predigt gehalten. Und weil sie dabei hinter den Gardinen hervorschaute, handelte es sich um die sprichwörtliche „Gardinenpredigt".

Quelle: https://www.geo.de/geolino/redewendungen/8836-rtkl-redewendung-gardinenpredigt

Sebastian Surjan Chamuel Blömke, Ebhausen
Meditation und Lachyoga in Ebhausen
www.bloemke.net

Die Tanzparty – Da steppt der Bär

Heute steht uns etwas ganz Besonders bevor! Tanzparty ist angesagt. Wir haben riesig Lust darauf. Denn endlich können wir mal wieder so richtig **einen Affentanz aufführen**. Als erfahrene Lachyogis fällt uns das gar nicht schwer. Schließlich gehört Lachen und Tanzen ja zu unseren Lieblingsbeschäftigungen. Wir **setzen alle Hebel in Bewegung**, um viel Spaß miteinander zu haben.

Im Partyraum angekommen begeben wir uns sofort auf die Tanzfläche und machen gemeinsam **einen Sprung nach vorne**. Nachdem uns das viel Freude bereitet hat, trauen wir uns auch, **einen Seitensprung zu machen**. Nach ein paar Tanzeinlagen **werfen** wir **ein Auge auf jemanden**, um weitere Tanzpartner*innen ausfindig zu machen. Es dauert nicht lange. Schnell haben alle eine*n Tanzpartner*in gefunden, um gemeinsam **auf Wolke 7 zu schweben**. Aber schon nach kurzer Zeit bemerken wir, dass wir **die Arschkarte gezogen haben**. Denn unser*e Tanzpartner*in tanzt **wie ein Elefant im Porzellanladen**. Unsere Füße müssen sehr darunter leiden und **uns drückt der Schuh**.

Zum Glück! Eine Pause ist angesagt. Nun heißt es erst einmal **abwarten und Tee trinken**. Ab jetzt werden wir **das Ruder selber in die Hand nehmen**. Wir warten nur noch bis der DJ die flotteren Songs auflegt. Als dann endlich heiße Tanzmusik ertönt, **krempeln** wir sofort **die Ärmel hoch**. Und ohne mit der Wimper zu zucken, schnappen wir uns eine*n neue*n Tanzpartner*in. Super, können wir so richtig **den Bär steppen lassen**. Es macht riesig Freude, uns die verschiedensten Tanzfiguren **aus dem Ärmel zu schütteln**.

Nach ein paar Stunden mit schwungvollen Tänzen ist jeder **fröhlich wie ein Spatz**. Alle sind begeistert. Und spät abends auf dem Heimweg sind sich alle sicher: diese Tanzparty wird noch **weite Kreise ziehen**.

Lachübungen

Einen Affentanz aufführen

Die Teilnehmer (TN) klatschen mit Ho ho 2x in die Hände. Mit den Tönen Ha ha ha drehen sie den Po erst links, dann rechts, dann links. Beliebig oft wiederholen und dabei durch den Raum gehen.

Alle Hebel in Bewegung setzen

Alle TN stellen sich vor, in jeder Hand einen Hebel zu halten. Mit diesem Hebel steuern sie abwechselnd das Lachen von laut auf leise und von leise auf laut. Variante: ein TN hat einen Hebel, mit dem das Lachen der anderen TN gesteuert wird.

Einen Sprung nach vorne machen

Die TN stehen im Kreis und auf Kommando hüpfen alle nach vorne und lachen herzhaft. Bei weiteren Sprüngen nach vorne halten sich die TN dann auch an den Händen.

Einen Seitensprung machen

Die TN stehen im Kreis und auf Kommando hüpfen alle erst nach rechts und dann nach links. Der Sprung nach rechts ist stets mit dem Lachlaut Ha begleitet, der Sprung nach links mit Hi.

Ein Auge auf jemanden werfen

Die TN greifen mit einer Hand imaginär ihr Auge und werfen es mit fröhlichem Lachen auf einen anderen TN. Dann folgt das andere Auge und danach mit beiden Händen beide Augen lachend werfen.

Auf Wolke 7 schweben

Im Raum befindet sich in der Mitte „Wolke 7". Die TN hüpfen auf kleinen Wolken mit Ha, Ha, Ha auf den verschiedenen Wolken um Wolke 7 herum. Wenn sie auf Wolke 7 treten, verweilen sie dort zufrieden lächelnd und lachend.

Die Arschkarte ziehen

Jeder greift mit der Hand hinter den Po und zieht eine imaginäre Karte hervor. Ein Lach-Joker! Diese Karte wird lachend herumgezeigt.

Wie ein Elefant im Porzellanladen

Die TN bewegen sich stapfend wie ein Elefant im Raum umher. Mit den Armen wird ein Rüssel angedeutet und dabei gelacht.

Abwarten und Tee trinken

Die TN falten die Hände, schauen sich gelangweilt an, drehen Däumchen und tun dann so, als ob sie eine Tasse mit Glücks-Tee vom Tisch nehmen, trinken diesen und lachen.

Das Ruder selbst in die Hand nehmen

Alle TN ergreifen 2 Ruder. Sie gehen dann im Raum mit Ruderbewegungen umher. Alle starten in seichtem Gewässer, das Lachen ist sanft. Bei mehr Strömung wird schneller gerudert und das Lachen wird kräftiger.

Die Ärmel hochkrempeln

Alle krempeln mit einem leichten Lachen den linken Ärmel hoch, dann mit ansteigendem Lachen den rechten Ärmel. Dann beide Daumen hoch und anerkennend lachen.

Da steppt der Bär

Die TN stehen Rücken an Rücken und bewegen ihre Rücken wohltuend wie an einem Baum schrubbend gegeneinander. Dabei in einem tiefen Ton lachen.

Etwas aus dem Ärmel schütteln

Die TN schütteln lachend erst mit dem linken Arm Glück und dann mit dem rechten Arm Freude aus den Ärmeln. Dann wird mit großer Begeisterung Lach-Energie aus beiden Ärmeln hinzu gegeben.

Fröhlich wie ein Spatz

Mit erst langsamen und dann immer schneller werdenden Flügelbewegungen gehen die TN lachend umher.

Weite Kreise ziehen

Die TN nehmen sich zum Abschluss an die Hand und stehen in einem Kreis leise lachend dicht beieinander. Desto größer sie den Kreis werden lassen, desto lauter wird das Lachen.

„Da ist der Bär los"

Ihr ruft einen Freund an, der auf einer Party ist. Der brüllt in sein Handy: „Was? Ich versteh dich kaum, hier ist echt der Bär los!" Klar, damit will euch euer Freund sagen, dass bei der Party schon richtig Stimmung und was los ist – daher der Lärm. Aber woher kommt diese Redewendung eigentlich? Wenn früher in einer Stadt etwas los war, dann war meistens ein Zirkus oder Jahrmarkt der Grund dafür. Und zu solchen Gelegenheiten gab es eben oft einen Bären, der kleine Kunststücke vorführte. Manchen dieser armen Tiere wurde sogar das Tanzen antrainiert – deshalb sagt man manchmal auch „da steppt der Bär".

Quelle: https://www.geo.de/geolino/redewendungen/7172-rtkl-redewendung-da-ist-der-baer-los

Hermann Görz, Neuenstein
Lachyoga-Trainer, Selbständiger Bauzeichner
www.lachyoga-hohenlohe.de

Der frühe Vogel fängt den Wurm

Ein sonniger Morgen weckt uns bunte Vögel in den Tag. Ganz langsam recken und strecken wir uns in den Morgen bis wir um 6 Uhr alle hellauf wach sind und putzmunter mit unseren Flügeln erfreut lachend umherflattern. **Die Post geht ab.** Denn **der frühe Vogel fängt den Wurm.** Wir machen uns auf in den Wald und sind **fleißig wie die Bienchen.**

Doch werden wir beobachtet... ! Beobachtet von der alten Eule. Und die Eule, von ihren Nachtaktivitäten doch sehr müde, spricht: "**No net hudla.**" (= „Nun mal langsam.") Denn **in der Ruhe liegt die Kraft.** In unserer Euphorie ignorieren wir die Eule. Wir sind misstrauisch. Will die Eule uns etwa mit ihrer Ruhe **über den Tisch ziehen** und uns die leckersten Insekten und Würmer wegschnappen? Dabei verkennen wir, dass die Eule bereits die ganze Nacht auf Beutefang war.

Wir werden auf der Jagd nach Beute **schneller als die Polizei erlaubt.** Und die müde Eule spricht: „Ihr **habt** ja alle

einen Vogel". Wir flattern emsig umeinander und **lachen** uns über das Gehabe der Eule **ins Fäustchen:** "So ein Schwätzer, keiner pausiert so früh am Morgen!" Um die leckersten Insekten zu fangen, **kämpfen** die Vögel wie Don Quichotte **gegen Windmühlen.** Die Eule lacht: „Ihr wollt mich wohl beeindrucken!"

Wir fragen die Eule neugierig: "**Hand aufs Herz**, zahlt sich denn die Ruhe aus?" Darauf die Eule zwinkernd: „Ja, dafür lege ich meine Hand ins Feuer! Warum die Frage? **Schneidet** endlich eure **alte Zöpfen ab.**"

Da **schalten** wir **einen Gang zurück** und atmen erst einmal tief durch und machen erleichtert **drei Kreuze.** Wir stecken unsere Köpfchen zusammen und sagen uns: „**Der frühe Vogel kann uns mal!**" Mit großem Gelächter und einem Hoho Hahaha fliegen wir zum Erholen und Baden an den nächsten Teich.

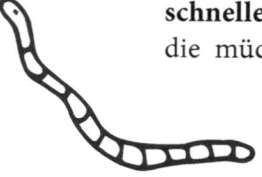

Lachübungen

Die Post geht ab

Die Teilnehmer (TN) bewegen sich in schnellem Tempo lachend durch den Raum. Bei Augenkontakt mit anderen TN wird das Lachen lauter, sonst wieder leiser.

Der frühe Vogel fängt den Wurm

Die TN machen einen Ausfallschritt nach vorne und nehmen eine Hand als Schnabelverlängerung Richtung Boden. Dort ziehen sie mit einem immer lauter werdenden Lachen fiktive Würmer aus dem Boden.

Fleißig wie die Bienchen

Die TN bewegen sich im Raum, wackeln lachend mit dem Hintern und tun so, als ob sie mit ihrem „Allerwertesten" Blütenstaub auf den Blütenkelchen einsammeln. Der Blütenstaub wird zudem in imaginären Taschen gefüllt. Je voller die Taschen, umso lauter das Lachen.

No net hudla

Jeder ist in schneller Bewegung. Dann signalisieren die TN mit einer Hand den anderen TN, langsamer zu gehen. Der Blickkontakt wird intensiver und ein herzhaftes Lachen setzt ein.

In der Ruhe liegt die Kraft

Die TN beugen mit einem Ha ihren Arm und spannen den Bizeps. Sie deuten mit dem Zeigefinger der anderen Hand auf diesen und schlendern in aller Ruhe stolz lachend durch den Raum.

Jemanden über den Tisch ziehen

Die TN finden sich zu zweit zusammen und nehmen den rechten Zeigefinger und verhaken diese ineinander. Nun ziehen sie wie beim Sägen die Arme gemeinsam hin und her. Dabei wird das Lachen immer größer. Die zweite Runde mit dem linken Zeigefinger.

Schneller als die Polizei erlaubt

Jeder TN hat ein Lenkrad in der Hand und bewegt sich in einem schnellen Tempo lachend im Raum umher.

Alte Zöpfe abschneiden

Die TN bewegen sich durch den Raum und deuten mit einer fiktiven Schere an, anderen TN die Zöpfe / Altlasten abzuschneiden. Es entsteht ein buntes Treiben und Lachen.

Einen Gang zurückschalten

Alle TN tun so, als ob sie in einem Auto sitzen und bewegen sich mit einem großen Lachen schnell im Raum umher. Dann schaltet jeder einen Gang zurück. Die Bewegung wird langsamer und das Lachen wird zufriedener, erholsamer und etwas leiser.

Drei Kreuze machen

Je zwei TN stehen sich gegenüber. Sie malen gemeinsam Zeigefinger an Zeigefinger drei Kreuze mit ha, he, hi in die Luft. Dann klatschen sie sich freudig hüpfend, lachend in die Hände.

Der frühe Vogel kann uns mal

Jeder TN setzt seinen frühen Vogel in die rechte Handfläche und bestaunt und bewundert ihn. Dann lässt jeder diesen Vogel lachend in die Höhe Richtung Himmel fliegen.

Einen Vogel haben

Die TN tippen sich mit dem rechten Zeigefinger an die Stirn und lachen. Wiederholung mit dem linken Zeigefinger.

Ins Fäustchen lachen

Die TN machen eine Faust und lachen sich in die Faust. Dabei bewegen sie sich im Raum umher. Umso näher andere TN kommen, umso größer wird das Lachen.

Gegen Windmühlen kämpfen

Die TN stellen sich vor, sie haben ein Schwert in der Hand. Damit machen sie immer wieder mit Ha einen Ausfallschritt nach vorn und tun lachend so, als ob sie gegen Windmühlen kämpfen.

Hand aufs Herz

Jeder TN streckt einatmend beide Hände in die Luft und führt dann die Hände lächelnd und zufrieden lachend in Richtung Herz.

„ Alte Zöpfe abschneiden "

Die Redewendung wird oft gebraucht, wenn man ausdrücken will, dass eine Veränderung in der Gesellschaft dringend notwendig ist. Zöpfe wurden seit dem 16. Jahrhundert von Männern als Kopfschmuck getragen. Im 18. Jahrhundert war der Zopf sogar die offizielle Haartracht von Soldaten. Die von Friedrich Wilhelm I. von Preußen eingeführte Mode wurde von seinem Nachfolger Friedrich II. schließlich wieder abgeschafft. Das Verschwinden des Zopfes steht auch für einen Übergang in ein neues Zeitalter, in dem sich die Politik, die Umgangsformen und Gebräuche verändern. Und manchmal muss man da eben ein bisschen nachhelfen. Das tut man, indem man die Zöpfe einfach abschneidet. Die Redewendung wurde vermutlich während der Befreiungskriege in den Jahren 1813 bis 1815 erstmals von Studenten gebraucht.

Quelle: https://www.geo.de/geolino/redewendungen/4272-rtkl-redewendung-alte-zoepfe-abschneiden

Heike Maier, Ebersbach
Lachyoga-Leiterin, Klangpädagogin
www.die-maier.de

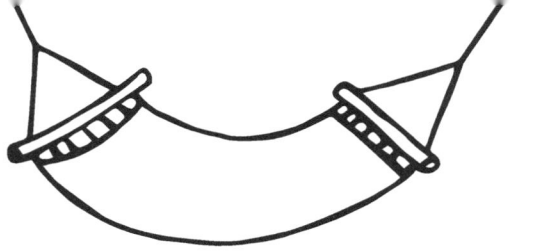

Wochenend und Sonnenschein –
Die Seele baumeln lassen

Ein traumhafter Julimorgen weckt uns in das Wochenende. Der ganzen Familie ist klar, **der frühe Vogel fängt den Wurm.**

Nach schneller **Katzenwäsche** versammeln sich alle bei leckerem Kaffee und Brezen am Frühstückstisch. Sofort **setzen wir alle Hebel in Bewegung**, um ein tolles Ausflugsziel zu finden. „Wie wäre es mit Minigolf spielen?!", fragt mein Mann. Darauf gelangweilt unsere Tochter: „**Da brat mir einer einen Storch.**" Vorschlag abgelehnt. „Eine Fahrradtour, das wäre doch toll!", sage ich schnell. Auch das **geht** unserer Tochter **gegen den Strich**. „So **fass dich** doch **an die eigene Nase.** Schlag doch etwas Besseres vor!", erwidere ich. Und wie aus der Kanone geschossen kommt von ihr: "Na klar, wir gehen ins Schwimmbad!"

Eine prima Idee. Beim Frühstück **legen** wir **einen Zahn zu.** Dann packen wir schnell unsere Badetaschen und **kratzen die Kurve.** Es ist morgens um zehn. Wir sind eine der ersten Badegäste. Wir **freuen** uns **wie die Schneekönige.** Schnell finden wir ein schönes Plätzchen. Es riecht nach herrlich frischem Wasser. Ein laues Lüftchen weht durch die großen Laubbäume. Wir sind **Feuer und Flamme** - es ist wie im Urlaub.

Nicht lange ausgeruht, rennen wir zum Schwimmbecken. Wir **machen** gemeinsam **einen Sprung nach vorne** und landen mit Arschbombe geradewegs im herrlichen Nass. Lachend tauchen wir allesamt wieder an der Wasseroberfläche auf. Das Becken füllt sich mehr und mehr. Wir müssen **gegen den Strom schwimmen.** Nach einiger Zeit im Wasser **bekommen** wir **kalte Füße.** Und weil das Schwimmbad bei dem schönen Wetter voller und voller wird, **werfen** wir irgendwann **das Handtuch.**

Den Rest des Tages verbringen wir bei Eiscreme und Kuchen im heimischen Garten und genießen es ausgiebig, **die Seele baumeln zu lassen.**

Lachübungen

Der frühe Vogel fängt den Wurm
Die Teilnehmer (TN) bewegen sich lachend wie ein Vogel durch den Raum. Mit Blickkontakt und einem kräftigen Flügelschlag begrüßen sich die Vögel.

Katzenwäsche machen
Mit einem Ha springen die TN fiktiv in eine Dusche. Mit einem Ha Ha wird der Duschhahn aufgedreht. Kaltes Wasser! Mit einem Hahaha wird der Hahn schnell wieder zugedreht. Mit einem kräftigen Lachen schütteln sich die TN das Wasser wieder vom Körper ab.

Alle Hebel in Bewegung setzen
Die TN ergreifen im Wechsel mit rechter und linker Hand verschiedene Hebel und ziehen immer lauter lachend an diesen Hebeln.

Da brat mir einer einen Storch
Die TN stehen anfangs wie ein Storch auf einem Bein. Die Arme und Hände sind auf dem Rücken verschränkt. Der Storch als Glücksbringer schreitet lachend umher. Überall dort wo er eine Fußspur hinterlässt, verbreitet sich Glück und Freude im Erdboden.

Gegen den Strich gehen
Zwei TN stehen sich gegenüber und fassen sich an den Händen. Links oder rechts befindet sich ein imaginärer Strich auf dem Boden. Mit einem ansteigenden Lachen hüpfen die Paare gemeinsam darüber hin und zurück.

Sich an die eigene Nase fassen
Lachend fassen die TN sich abwechselnd mit der rechten und linken Hand an die eigene Nase. Bei vertrauter Gruppe ist dies als Partnerübung möglich und sehr lustig.

Einen Zahn zulegen
Gemeinsam wird eine bekannte Melodie (z.B. Hoch auf dem gelben Wagen) auf hahaha gesungen. Es wird im normalen Tempo begonnen. Dann wird die Gruppe aufgefordert im Melodierhythmus einen Zahn zuzulegen. Der Körper schwingt stets mit.

Die Kurve kratzen

Die TN gehen durch den Raum und schlagen lachend abrupt kurz vor den anderen TN eine scharfe Kurve.

Sich freuen wie ein Schneekönig

Die TN gehen wie ein König, in einer Hand das Zepter haltend und in der anderen Hand die Kugel haltend, lachend im Raum umher.

Feuer und Flamme sein

Die TN stehen im Kreis. Sie rufen gemeinsam „Wir sind Feuer!" und treten mit den Füßen immer schneller werdend auf den Boden. Dann ruft ein TN „... und wir sind Flamme!" Alle TN springen mit erhobenen Armen gemeinsam lachend in die Luft.

Einen Sprung nach vorne machen

Die TN nehmen sich an der Hand. Sie atmen ein und machen ausatmend mehrere Sprünge lachend gemeinsam nach vorne.

Gegen den Strom schwimmen

Gemeinsam machen die TN kräftige Schwimmbewegungen mit den Armen und schwimmen lachend gegen den Strom.

Kalte Füße bekommen

Die TN tun so, als stehen sie im Wasser. Sie spüren das kalte Wasser und bewegen sich hüpfend und lachend durch das kalte Wasser.

Das Handtuch werfen

Kleine bunte Tücher werden verteilt oder jeder TN bekommt ein imaginäres buntes Tuch. Dann wird beim Einatmen das Tuch an das Herz gehalten und beim Ausatmen lachend das Tuch in die Luft geworfen. Andere TN fangen das Tuch...

Die Seele baumeln lassen

Die TN stehen im Kreis mit Blickkontakt. Die eigene Seele wird sanft mit den Händen aus dem Körper (Herzgegend) herausgenommen und dann liebevoll lachend in den Händen hin und her geschwungen.

„ Das Handtuch werfen "

Das vollbesetzte Stadion in Manila tobte: Im Ring umtänzelten sich die beiden erfolgreichsten Boxer ihrer Zeit - der Weltmeister Muhammad Ali und sein Herausforderer Joe Frazier. Als es in die 14. Runde ging, war die Temperatur im Stadion bereits auf 40 Grad hochgeklettert. Da begann auch Muhammad Alis Blut zu kochen: Immer wieder traf sein gefürchteter linker Haken den Gegner, bis Frazier mit verschwollenen Augen, quasi blind, zu torkeln begann. In diesem Moment brach Fraziers Betreuer Eddie Flutch den Kampf ab: Als Zeichen dafür, dass sein Schützling sich geschlagen geben musste, warf er ein weißes Handtuch in den Ring!Im Boxsport ist es so üblich, ein Handtuch in den Ring zu werfen, um den Kampf abzubrechen. In Situationen, die einem keine andere Wahl lassen, sagt man deshalb in Anlehnung daran „ich werfe das Handtuch" und meint damit „ich kämpfe nicht bis zum Umfallen, sondern gebe freiwillig auf".

Quelle: https://www.geo.de/geolino/redewendungen/6424-rtkl-das-handtuch-werfen

Claudia Reinhold, Schorndorf
Lachyoga-Leiterin, Assistenz Geschäftsleitung
www.facebook.com/claudia.reinhold.167

Ein Waldspaziergang - Wir lachen uns einen Ast

Es ist ein sonniger Morgen. Prima, heute steht ein Waldspaziergang an. Zusammen mit meinen Freunden will ich den Eppinger Waldfühlpfad erkunden. Ihr müsst wissen, mit meinen Freunden kann **man wirklich Pferde stehlen**. Wir laufen entspannt los, doch **vor lauter Bäumen sehen wir** den Startpunkt des Eppinger Waldfühlpfades **im Walde nicht**. Nun gut, denken wir, der Weg ist das Ziel und wir gehen weiter, ganz nach dem Wanderreim: Ein Hut, ein Stock, ein himmelblauer Unterrock.

Unterwegs **plaudern** wir so einiges **aus dem Nähkästchen**. Dabei **lachen wir uns** immer **wieder einen Ast**. Doch bei den interessantesten Geschichten hat man das Gefühl, dass einem **ein Bär aufgebunden** wird. Allerdings weiß ich, dass meine Freunde ihr **Herz am rechten Fleck haben**.

Den Waldfühlpfad haben wir immer noch nicht entdeckt. Doch lockt uns die Kapelle auf dem Otillienberg. Um dorthin zu gelangen, müssen wir einen steilen Berg hinauf wandern und so langsam **pfeifen** wir alle **aus dem letzten Loch**. Nach einer kurzen Pause **loben** wir uns **über den grünen Klee**, wie gut wir vorangekommen sind. Anschließend **gackern** wir weiter **wie** ein Stall voller **Hühner**. Wir sind in unserem Gespräch so vertieft, dass wir nicht **merken, woher der Wind weht**. Mit Entsetzen stellen wir fest, dass wir im Kreis gelaufen sind. Als uns das klar wird, **geht uns** allen **der Hut hoch**. Doch **wendet sich das Blatt** von alleine.

Am Ende unseres Waldspaziergangs stehen wir doch tatsächlich am Startschild des Eppinger Waldfühlpfades. Ich glaube, **mich laust der Affe**! Wie konnte es sein, dass wir das Schild am Anfang übersehen haben? Jetzt können wir über unser **Brett vor dem Kopf** nur noch herzhaft LACHEN.

Lachübungen

Mit jemandem Pferde stehlen
Die Teilnehmer (TN) gehen leicht in die Knie und reiten wie ein Reiter lachend auf einem Pferd. Mit der rechten Hand schwingen sie ein Lasso durch die Luft. Je schneller sie das Lasso schwingen, desto lauter wird das Lachen.

Vor lauter Bäumen den Wald nicht sehen
Die TN nehmen die rechte Hand an die Stirn und schauen in die Ferne. Sobald sie einen anderen TN entdecken, kommt freudig lachend ein „AHA Effekt".

Der Weg ist das Ziel
Die TN gehen und zählen gemeinsam 10 Schritte. Dann sprechen alle: Ein Hut, ein Stock, ein himmelblauer Unterrock und vorwärts (rechtes Bein vor), rückwärts (rechtes Bein zurück), seitwärts (rechtes Bein zur Seite), rein (Füße parallel), Hacke (rechte Ferse vor), Spitze (rechte Fußspitze zurück) hoch das Bein (Bein nach oben). Mit links wiederholen.

Aus dem Nähkästchen plaudern
Die TN legen beide Hände an die Stirn und bewegen dann die Arme nach außen. Das Lach-Kästchen ist geöffnet. Die TN gehen auf die Zehenspitzen schauen sich erfreut lachend an.

Einen Ast lachen
Die TN formen einen imaginären Baumstamm mit den Lachlauten "Hoho...", mit den Armen bekommt der Baum Äste mit einem „Haha..." und zum Schluss bekommen die Äste Blätter mit einem „Hihi...".

Einen Bären aufbinden
Es gehen immer 2 TN zusammen. Diese stehen Rücken an Rücken. Nun reiben sie die Rücken aneinander und lachen ein tiefes, brummiges Hohoho.

Das Herz am rechten Fleck haben
Mit einem Steigerungslachen formen die TN 3 Herzen vor dem Körper. Ein kleines Herz für sich selbst, ein mittleres Herz für

die tolle Gruppe und ein großes Herz für die ganze Welt.

Aus dem letzten Loch pfeifen

Die TN stehen hüftschmal, die Knie leicht angewinkelt, Schultern zurück und atmen gemeinsam tief ein. Beim Ausatmen pfeift jeder solange der Atem reicht.

Über den grünen Klee loben

Ein TN steht in der Mitte und schließt die Augen. Die anderen TN loben erfreut auf Gibberisch diesen TN und sagen dabei immer wieder dessen Namen. Es wird gewechselt.

Gackern wie die Hühner

Die TN nehmen die Hände unter die Achseln und bewegen sich lachend durch den Raum. Mit dem rechten Fuß gelegentlich nach Körnern suchen und mit nickendem Kopf die Körner lachend aufpicken.

Merken, woher der Wind weht

Die TN stehen hüftschmal, schließen die Augen und sind fest im Boden verwurzelt. Die Arme gehen nach oben. Sie machen Geräusche wie der Wind und bewegen dabei Arme und Oberkörper hin und her.

Jemandem geht der Hut hoch

Die TN malen mit den Händen und grimmiger Miene einen imaginären Hut. Sie setzen diesen auf und heben ihn lachend und winkend in die Luft.

Das Blatt wendet sich

Im Kreis nehmen die TN die Hände nach vorne und schauen ratlos auf die Handrücken. Sie drehen die Hände um und erblicken dort strahlend lachend die glückselige Zukunft.

Mich laust der Affe

Die TN gehen mit Huhuhu wild lachend durch den Raum. Dabei krault die rechte Hand die eigenen Haare und die linke Faust klopft sanft auf die Brust.

Ein Brett vor dem Kopf haben

Die TN klatschen sich herzhaft lachend ab.

„ Sich einen Ast lachen "

Bei richtig guten Witzen könnt ihr euch mit Sicherheit öfter einen Ast lachen. Keinen richtigen Ast natürlich, und auch keinen dritten Arm. Aber was passiert eigentlich genau beim Lachen? Wir Menschen beugen uns vor Gekicher nach vorne; wir halten uns den Bauch und lachen uns sprichwörtlich krumm und schief. Und genauso entsteht auch der Ast auf unserem Rücken. „Ast" war nämlich im 19. Jahrhundert ein anderes Wort für Buckel, krummer Rücken. Und wer zu viel lacht, steht also zu selten gerade und bekommt demnach vor lauter Lachen einen Buckel.

Quelle: https://www.geo.de/geolino/redewendungen/8673-rtkl-redewendung-sich-einen-ast-lachen

Ramona J. Höge, Eppingen

Lachyoga-Leiterin, Heilpraktikerin

www.eppinger-lachschule.de

Ich glaub, mich tritt ein Pferd

Alter Schwede! Ich kann euch sagen, neulich hab ich mich ganz schön **in die Nesseln gesetzt**. Ich war im Pferdestall und hatte meine erste Begegnung mit einem Pferd. Dabei wollte ich auf Nummer sicher gehen und es selbst aufzäumen. Doch vor lauter Aufregung habe ich das Pferd aus Versehen von hinten aufgezäumt.

Jetzt kann ich euch **etwas vom Pferd erzählen**. Es **machte einen** heftigen **Seitensprung** und ich guckte in die Röhre. „Na gut", dachte ich mir, dann pfeif ich eben auf das Zaumzeug und steige einfach so auf. Ich wagte mich sozusagen in die Höhle des Löwen. Doch es war kaum zu glauben, dieses Pferd wollte dann einfach nicht in die Puschen kommen. Bis es sich auf einmal **vor Lachen bog** und ich zu Boden fiel. Das Pferd **kratzte** schnell **die Kurve** und **ließ mich im Regen stehen** – mitten auf dem Acker! Da hatte ich den Salat. Dieses Pferd **konnte** ich mir also **abschminken**.

Das ganze **kam mir** schon sehr **spanisch vor**, aber so schnell werfe ich die Flinte nicht ins Korn. Vielleicht sollte ich besser **kleine Brötchen backen** und es mit einem Pony versuchen. Schließlich wusste ich **aus sicherer Quelle**, dass es im Stall auch Ponys gab. Ich wählte das hübsche braune Pony aus, das bereits ein Auge auf mich geworfen hatte. Aber kaum saß ich auf dem niedlichen kleinen Kerl, merkte ich, dass dieses zuckersüße Pony den **Schalk im Nacken sitzen hatte**. Plötzlich **wirbelte es Staub auf** und **führte einen** regelrechten **Affentanz** auf. Ich kann euch sagen, das hat mich ganz schön **auf die Palme gebracht**. Ich kam vom **Regen in die Traufe**. Aber da beißt die Maus keinen Faden ab, diese Suppe hatte ich mir selbst eingebrockt.

„Ach **rutsch mir doch den Buckel runter!**", dachte ich mir und **machte mich** heimlich, still und leise **vom Acker**.

Lachübungen

Alter Schwede!
Die Teilnehmer (TN) gehen im Raum umher und klatschen sich zur Begrüßung anerkennend mit einer Hand lachend ab.

Sich in die Nesseln setzen
Die TN klatschen mit Hoho paarweise in die Hände und mit hahaha auf die eigenen Pobacken. Dem folgt ein gemeinsames Lachen.

Etwas vom Pferd erzählen
Die TN stehen eng beieinander im Kreis und spielen Pferderennen. Spielbeschreibung: www.spielewiki.org/wiki/Pferderennen

Einen Seitensprung machen
Die TN stehen im Kreis und klatschen 2x auf Hoho in die Hände, dann springen sie auf Hahaha zusammen einen Schritt nach links und bei der Wiederholung nach rechts.

Sich biegen vor Lachen
Die TN machen die Yoga-Halbmond-Übung: Arme gestreckt nach oben nehmen, beide Arme lachend über den Kopf nach links und dann lachend nach rechts biegen. Auch als Partnerübung schön.

Die Kurve kratzen
Die Harley-Lach-Übung: Die TN fahren paarweise Motorrad mit Beiwagen. Der Beiwagenfahrer legt eine Hand auf die Schulter des Fahrers. Der Fahrer startet das Gefährt mit Hohoho, beide fahren lachend los und kratzen sanfte Kurven.

Jemanden im Regen stehen lassen
Lachdusche - die TN stehen im Kreis, eine Person kommt in die Mitte. Die TN lassen mit einem Lachen imaginären Regen aus den Händen über diese Person rieseln. Der Kreis bewegt sich dabei nach rechts.

Sich etwas abschminken können
Die TN nehmen mit Ha eine Packung Feuchttücher in die linke Hand, ziehen mit einem weiteren Ha ein Tüchlein heraus und fahren mit herzhaftem Lachen damit über das Gesicht.

Jemandem kommt etwas spanisch vor

Die TN tönen Soy hi tan he alto hu como ho tú ha. Erst werden die Worte in Zeitlupe gesprochen, dann wird die Geschwindigkeit immer weiter gesteigert und am Ende gemeinsam gelacht.

Kleine Brötchen backen

Alle TN kneten lachend mit beiden Händen einen Teig. Dann formen sie mit Hi, Hi, Hi drei kleine Brötchen auf ein Backblech. Wiederholen.

Aus sicherer Quelle wissen

Zwei TN kommen zusammen. Die erste Person sagt ihren Namen und eine positive Eigenschaft. Beide Personen wiederholen begeistert Namen und Eigenschaft in folgendem Satz: „ ... (Name), du bist einfach sehr... (Eigenschaft)". Es folgt Applaus und wird gewechselt.

Den Schalk im Nacken haben

Die TN laufen im Kreis umher und ziehen anderen TN mit zwei Fingerspitzen mit einem Ha den Schalk aus dem Nacken und halten ihn lachend in die Luft.

Staub aufwirbeln

Die TN haben einen Staubmop in der Hand und gehen damit bei anderen TN andeutungsweise lachend über Kopf und Schultern.

Einen Affentanz aufführen

Die TN laufen wie die Affen im Kreis herum und trommeln mit Hohoho auf die Brust oder kratzen sich mit Uhuhuh unter den Achseln.

Jemandem den Buckel runterrutschen

Je zwei TN stehen Rücken an Rücken und massieren sich gegenseitig mit einem tiefen Lachton den Rücken.

Sich vom Acker machen

Die TN stehen dicht beisammen in der Kreismitte, klatschen Ho, Ho und gehen mit Hahaha drei Schritte nach außen. 2x wiederholen. Dann folgt im großen Kreis winkend ein freudiges Abschiedslachen.

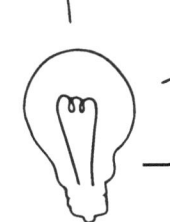

„ Einen vom Pferd erzählen "

Diese Redewendung besagt, dass jemand etwas Unwahres erzählt. Nach einem griechischen Mythos versuchten die Griechen jahrelang vergeblich die Stadt Troja zu erobern. Der Seher Kalchas erkannte, dass die Trojaner nur durch eine List besiegt werden konnten und so bauten sie ein Holzpferd als Versteck für den Krieger Odysseus mit Mannschaft. Als die anderen Griechen mit den Schiffen davon fuhren, glaubten die Trojaner, sie hätten aufgegeben und bejubelten das Kriegsende. Am Strand fanden sie das Holzpferd und den verletzten Sinon, der behauptete, er sei zurück gelassen worden mit dem Holzpferd als Opfergabe. Wird das Pferd zerstört, bringt es Unheil, kommt es in die Stadt, dient es als Schutz. Die Trojaner glaubten Sinon und brachten das Pferd in die Stadt. In der Nacht stieg Odysseus mit seinen Kriegern aus einer Geheimtüre des Holzpferdes. Sie öffneten die Tore von innen und riefen die Griechen per Feuerzeichen zurück. Die Einnahme Trojas glückte dank Sinons erfundener „Geschichte vom Pferd".

Quelle: https://www.geo.de/geolino/redewendungen/5091-rtkl-redewendung-einen-vom-pferd-erzaehlen

Bettina Rommel, Kornwestheim
Lachyoga-Leiterin, Maltherapeutin
www.lachyoga-kornwestheim.de

Dr frühe Vogl fängd da Wurm

En sonniger Morga weggt ons bonte Vegel in dr Tag. Ganz langsam reggat und streggat mr ons in dr Morga bis mer om Sechse elle helluff wach send und butzmonter mit onsre Fligala erfreit lachend omherfladdred. **D'Post goht ab.** Denn **dr frühe Vogl fängd da Wurm.** Mer machat ons uff en dr Wald ond send **fleißig wie die Biena.**

Doch werdet mr beobachtet. … Beobachtet von dr alda Eul. Ond die Eul, von ihrer Nachtaktion no miad moint: „**No et hudla!** Denn **in dr Ruah do liegd Kraft.** En onsra Eiphorie da denn mr d'Eul ignorira. Mr send misstrauisch. Will ons d'Eul etwa mit ihrer Ruah **iber da Disch zieha** ond ons die leckere Viecher ond Wirmer wegschnabba? Dabei verkenna mor, dass d'Eul dia ganz Nachd uff dr Jagd war.

Uff dr Jagd nach Beude werdet mer **schneller als d'Bolizei erlaubt.** Ond die miad Eul schwäddzd: „**Ihr hen jo elle en Vogl.**" Mr fladdred emsig omanander ond **lachad** ons iber des Getue d'Eul **ens**

Feustle: "So en Schwätzer, koiner duat so früh gruaba." Om die leckersten Viecher zu fanga, **kämpfat** die Vegel wie Don Quichotte **gega Wendmühla.** D'Eul lacht: „Wellat ihr mi beeindrugga!"

Mr frogat d'Eul neigirig: „**Hand uffs Herz,** tut sich dei Ruah auszahla?" Druf Eul zwinkernd: „Jo, dofür leg i mei Hand ens Fuier! Warom dui Frog? **Zwaggad endlich oire alde Zepf ab.**"

Da **schalta mer en Gang zrigg** ond admad erst amol tief durch ond **machat** erleichtert **drei Kreiz.** Mr steggat onsere Kepf zemma und sagat ons: „**Dr frühe Vogl koh ons amol!**" Mit großem Glächter ond ma Hoho Hahaha fliegad mr zum Erhola ond Bada an dui nächste Pfitz.

Lachübungen

D'Post goht ab

Die Teilnehmer (TN) bewegen sich in schnellem Tempo lachend durch den Raum. Bei Augenkontakt mit anderen TN wird das Lachen lauter, sonst wieder leiser.

Dr frühe Vogl fängd da Wurm

Die TN machen einen Ausfallschritt nach vorne und nehmen eine Hand als Schnabelverlängerung Richtung Boden. Dort ziehen sie mit einem immer lauter werdenden Lachen fiktive Würmer aus dem Boden.

Fleißig wie die Biena

Die TN bewegen sich im Raum, wackeln lachend mit dem Hintern und tun so, als ob sie mit ihrem „Allerwertesten" Blütenstaub auf den Blütenkelchen einsammeln. Der Blütenstaub wird zudem in imaginären Taschen gefüllt. Je voller die Taschen, umso lauter das Lachen.

No net hudla

Jeder ist in schneller Bewegung. Dann signalisieren die TN mit einer Hand den anderen TN, langsamer zu gehen. Der Blickkontakt wird intensiver und ein herzhaftes Lachen setzt ein.

In dr Ruah do liegd Kraft

Die TN beugen mit einem Ha ihren Arm und spannen den Bizeps. Sie deuten mit dem Zeigefinger der anderen Hand auf diesen und schlendern in aller Ruhe stolz lachend durch den Raum.

Iber da Disch zieha

Die TN finden sich zu zweit zusammen und nehmen den rechten Zeigefinger und verhaken diese ineinander. Nun ziehen sie wie beim Sägen die Arme gemeinsam hin und her. Dabei wird das Lachen immer größer. Die zweite Runde mit dem linken Zeigefinger.

Schneller als d'Bolizei erlaubt

Jeder TN hat ein Lenkrad in der Hand und bewegt sich in einem schnellen Tempo lachend im Raum umher.

En Vogl han

Die TN tippen sich mit dem rechten Zeigefinger an die Stirn und lachen. Wiederholung mit dem linken Zeigefinger.

Ens Feustle lacha

Die TN machen eine Faust und lachen sich in die Faust. Dabei bewegen sie sich im Raum umher. Umso näher andere TN kommen, umso größer wird das Lachen.

Gega Wendmühla kämpfa

Die TN stellen sich vor, sie haben ein Schwert in der Hand. Damit machen sie immer wieder mit Ha einen Ausfallschritt nach vorn und tun lachend so, als ob sie gegen Windmühlen kämpfen.

Hand uffs Herz

Jeder TN streckt einatmend beide Hände in die Luft und führt dann die Hände lächelnd und zufrieden lachend in Richtung Herz.

Zwaggad oire alde Zepf ab

Die TN bewegen sich durch den Raum und deuten mit einer fiktiven Schere an, anderen TN die Zöpfe / Altlasten abzuschneiden. Es entsteht ein buntes Treiben und Lachen.

En Gang zrigg schalta

Alle TN tun so, als ob sie in einem Auto sitzen und bewegen sich mit einem großen Lachen schnell im Raum umher. Dann schaltet jeder einen Gang zurück. Die Bewegung wird langsamer und das Lachen wird zufriedener, erholsamer und etwas leiser.

Drei Kreiz macha

Je zwei TN stehen sich gegenüber. Sie malen gemeinsam Zeigefinger an Zeigefinger drei Kreuze mit ha, he, hi in die Luft. Dann klatschen sie sich freudig hüpfend, lachend in die Hände.

Dr frühe Vogl koh ons amol!

Jeder TN setzt seinen frühen Vogel in die rechte Handfläche und bestaunt und bewundert ihn. Dann lässt jeder diesen Vogel lachend in die Höhe Richtung Himmel fliegen.

„ En Vogl han"

A Nescht voll kreischender kloiner Vegel midda em Schädel - koi Wonder, dass do koi gscheider Fonge aufkomma ko. Des isch zwar a komischa Bledsenn, aber des Palaber „dr hot doch en Vogel" wird oft au gnutzt, wenn die Menscha ebbes domms daher schwäzad oder do hen. Vorigsmol hot mer den Schbrich meistens nur zu de blede Seggel gsagt. Des war eba domols en alder Volksglauba, das Geistesgrankheid von de Vegel ausglest wird. Ellerdings net dadurch, dass dia Dauba zichdad oder Kanariavegel ond Sichtige hen. Noi, domals hat mer ohgnomma, dass di Vegel direkt em Hirn nistdad. Ond wenn dann äbbr ebbes do hot, was di andre net nachvollziha kennat, dann hat der halt en Vogel em Schädel.

Quelle: https://www.geo.de/geolino/redewendungen/9106-rtkl-redwendung-einen-vogel-haben

Heike Maier, Ebersbach
Lachyoga-Leiterin, Klangpädagogin
www.die-maier.de

World Laughter Anthem

Eine Produktion von Kieran Hilbert, Yannik Weber, Susanne Klaus und der Stuttgarter Lachschule - Freier Musik-Download unter www.worldlaughteranthem.de

Songtext:

Laughter, laughter
Baby that´s life
Even without any reason,
it feels great

Chor: Hohoho hahaha hohoho ha 2x

Laughing is life,
laughing makes you strong
We are laughing for peace,
nobody has done it before

Chor / Refrain:
The Rythm goes hohoho hahaha, hahaha
The Rythm goes hohoho hahaha, hahaha
Very good, very good, very good, YEAH
Very good, very good, very good, YEAH

A Doctor called Madan
started laughing at Mumbai,
it spread around the globe
called Laughter Yoga

Your heart beats fast
your eyes are shining bright,
a smile lights up
to enlighten the world

Chor / Refrain: The Rythm goes ...

If the world is grey
You are feeling down
come on baby let us laugh
The world will not be the same

Gitarren- und Lach-Solos

Chor / Refrain: The Rythm goes ...